【文庫クセジュ】

近東の地政学

イスラエル、パレスチナ、近隣のアラブ諸国

アレクサンドル・ドゥフェ著
幸田礼雅訳

白水社

目次

序論 7

第一部 展望過剰の空間

第一章 局地的な立役者たち（イスラエル、パレスチナ、近隣のアラブ諸国） 16

I イスラエルの展望 16

II アラブ諸国の展望 26

III パレスチナの展望 27

IV その他の近東地域の展望 31

V 周辺諸国（トルコ、イラン、サウジアラビア、湾岸諸国）の展望 33

第二章 大国ならびに超大国の展望 36

I ヨーロッパ 37

II アメリカ 40

III ロシアと中国 42

第二部　政治過剰の空間
第一章　近東空間の政治構造理論――46
Ⅰ　接触の空間　46
Ⅱ　争われる空間　48
Ⅲ　垂涎の空間――エジプトと一九一四年の戦い　62
Ⅳ　四分五裂の空間――一九一四年から四八年まで　75
第二章　政治的、経済的、社会的緊張と民族の憤激――90
Ⅰ　引き裂かれた空間――一九四五年以降の一般的傾向　90
Ⅱ　従属の空間――一九四五年から九三年まで　101
Ⅲ　曖昧な空間――一九九三年から二〇〇一年まで　127
Ⅳ　揺らぐ伝統の継承、混迷する展望――二〇〇一年以降　133
結論――148
訳者あとがき――151
原注――*v*
参考文献――*iii*
略記号一覧――*i*

凡例

・原著者による注は、本文中の該当箇所に＊1、＊2と番号を振り、「原注」として巻末にまとめた。

・訳者による注ないし補記は本文中の〔　〕内に示し、長いものは（1）、（2）と番号を振り、段落の終わりに示した。

・注記の末尾にあるアルファベットと数字は訳者の参考文献とその頁を表わし、巻末に「略記号一覧」として出典を明らかにした。

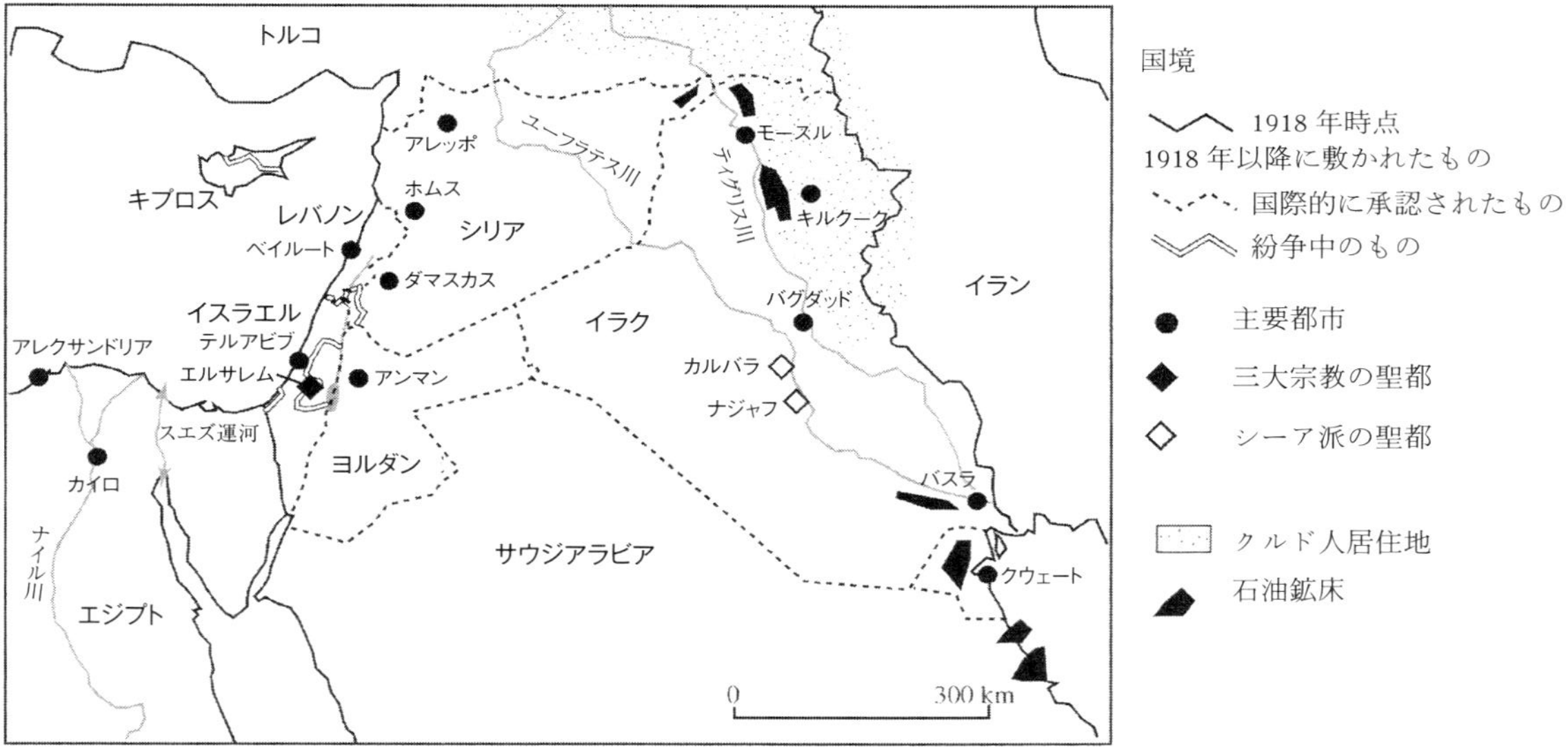

A. ドゥフェ／S. ヴリュ（ENS）作成、2003 年

序論

地政学とは

現代の地政学とは、政治（与えられた領土において一定の人間集団が主権を行使するという意味での政治）と地理的空間の相互作用を、過去から現在にわたって研究することを目的とする学問である。政治というものは、国家をもたない社会も含め、あらゆる社会に存在するが、その社会自体もまた内と外との両方において解決すべき問題、あるいは防衛ないし拡大すべき領土を抱えており、それゆえ広い意味での政治に取り組まざるを得ない。とはいえこの近東という地域において空間が永続的な地政学的広がりを獲得したのは、ようやく前三〇〇〇年に「国家」が誕生して以後のことである。そのときから空間は自然環境の多様性や民族的相違によってばかりでなく、競合するさまざまな国家的主権の行使によって形成され、仕切られることとなった。各国の主権者たちからみれば、この空間は、彼らの対立の舞台であり目的物であった。彼らは物的かつ象徴的な力を強化するために、戦争、同盟関係、交渉などを通じて互いに支配圏を求めて争った。その結果、彼らは多少とも持続的な、そして多少とも厳密な政治的国境をつくりだし、それらの枠内で彼ら自身の手段と統治行為によって空間をさらに分化させることに貢献したのである。

このように地政学的にみれば、この空間は力の誇示の場であると同時にその標的である。のみならず空間は戦略的ルート、重要資源、さらには領土や象徴的な土地を規制するための目標である。さらにそれは地域的、広域的あるいは世界的規模における力を駆使する領域である。

にもかかわらず、地政学的アプローチの叙述によって我々が説明しようとするこうした空間における力の対立は、それが、政治的実体が生き残るために満たすべき重大かつ現実的な（あるいは建前上重大な）必要に起因する抗争、という意味において、客観的な利害の抗争である。と同時にそれは領土の争いでもある。すなわちそれは地域内に住む人びとと、その土地を切望する人びとがそれぞれ思い描いた領土、伝統的な社会において何代にもわたって恭しく受け継がれてきた価値を背負わされ、近代国家がもつ文化的変容の手段（学校、メディア）によって神聖化された領土に関連した争いである。他方政治権力の保持者はこうした集合意識を利用し、あるいは自らそれに欺かれて、彼らの戦略的目標を達成しようとし、ときにはそれを偽装するのである。

「近東」とは

十九世紀から始まり一九三〇年代まで続いたフランス地理学の伝統において、「近東」という言葉は、ヨーロッパに最も近い東洋、つまりエジプトと肥沃の三日月形（今日のレバノン、イスラエル、パレスチナ自治区、シリア、ヨルダン、イラク）を指す常用語であり、地理的というよりは、いま述べた意味での地政学的内容をカバーしていた。

事実、自然的境界、人間的あるいは物理的単位を取り去ってみた近東は、きわめて象徴的表現（文明の揺籃の地、三大一神教の聖地、不変にして神秘的なオリエントなど）を与えられた地域と定義され、ヨーロッパ列強の狙う標的の中心となり、その結果、外交的軍事的駆引きの舞台となったのである。

いずれにせよ、数十年来この標的の範囲がアラビア半島からペルシア湾へと移動しながら拡大するなかで、多くの研究者や評論家は、「近東」という言葉より「中東」という言葉を好むようになった。これはアングロ・サクソン的発想から生まれた表現で、それにはリビアからアフガニスタン、イランからアラビア半島までの国々が包含される。

とはいえ近年の国際関係においては、イスラエルとパレスチナの紛争や、より広くイスラエルとアラブの紛争の解決を目指すことを主唱する人びとが中心的役割を果たすようになり、それに動かされて多くの観察者は次のように報告する。すなわち中東地政学全体のなかでその中心的部分でありながら紛争と緊張の舞台となった近東は、いまやそれゆえに、改めて全体とは区別されなければならない、と。こうした紛争の大半は、もし我々が国際的なメディアが注目するがゆえに重大だと判断すれば、我々はそれらのメディアが確定する標的を、地球的な規模において本質的な部分と受け取るのである。

紛争の実質的広がりと象徴的な範囲

近東に波及する緊張の中心には、一九四八年のイスラエル国家誕生後、定期的に繰り返されるようになったイスラエルとアラブの激しい対立が存在している。このように繰り返される攻防とその結果生じる人的損害だけをみても、それらがメディアの注目を集めるのは当然といえよう。しかしイスラエル－パレスチナ紛争がそれよりはるかに大きな興奮を与えていることは、世界各国の論争において、それが占める位置や、各国語で書かれたおびただしい記事と著作において、この問題が言及されていることからも明らかだ。この紛争は、地球的規模からみれば、ほんの小さな地域（イスラエル、ヨルダン川西岸、ガザ地区の面積は、全部あわせても二万七千平方キロ、すなわち〔イタリアの〕サルデーニャよりわずかに広いだけ）の上で行なわれているにすぎず、世界の他の地域の紛争（たとえば二〇〇三年以降のイラク、二〇一一年以降のシリアなど）におけるような大殺戮があったわけでもない。しかしそれは、その起源、特徴、主役たちの個性からみて潜在的なあるいは顕在化した他の紛争の多くを象徴する闘いとなった。事実、グローバリゼーションの効果によって、また西洋的モデルにかぶれた人びと、あるいはそれに追随する人びとによって、文化的、社会的、政治的アイデンティティを覆えされた多くの個人、国民、国家は、この紛争のなかに彼らの挫折や苦悩、さらには期待や希望の表現を見いだしている。アラブ世界ではこのような表現に世論の関心が集中する傾向が強く、この紛争は、そのまま人びとにさまざまな記憶、たとえばイスラエルに対する過去の軍事的失敗（一九四八、五六、六七、七三年）、イスラエルによるアラブ人の領土の占領（パレスチナ領、ゴラン高原、そして何よりも耐えがたいエルサレムの「喪失」)、関係諸国でまとまることもできず共同戦線さえ張れなかった事実、外交手腕の欠如などの記憶に立ち返らせた。同時に、この世界が経済的苦境に陥り、西側諸国ならびにそれと同一視されるイスラエルとこの世界とのあいだにある溝が年々深まっていくことにも、人びとの思いは及んだ。アラブ世界からみれば、イスラエルでは施行されている民主主義の基本的法規も、アラブ世界では採用ができないらしい。より一般的にいえばアラブ世界は、ユダヤ人国家がイメージを打ち直して見せつける近代主義という服を着ることさえできないかのようだ。二〇〇三年春、国連の安全保障理事会の承認もなくアメリカが決定したイラク侵攻で、イラクの軍隊とその国制はあっけなく壊滅した。かつてアッバース朝黄金期にカリフが鎮座する都を擁したイラク――そのイラクの体制はあっけなく崩壊し、アメリカの占領が七年間続いた。逆に一部の湾岸諸国(カタール、アラブ連合共和国、オマーン)からはアメリカによる介入に対して積極的な支持がもたらされた。こうした支持は明らかにアラブ世界の混乱を増大させ、この世界は反乱と衰弱のはざまで分断された。この混乱は、二〇一一年の「アラブの春」の暴力的な様相によっていっそう増大した。エジプトでは二〇一三年七月に入ると軍隊が権力を奪った。さらにシリアは、二〇一一年三月に始まった内戦で荒廃した。シリアはイラク西部とともにジハードの組織「ダーイシュ」(「イラクとレヴァントのイスラム国」の頭字語)[1]の手に握られ、イスラム教テロの世界的中心となった。

(1) 二〇一三年四月、「イラクのイスラム国」はシリアの過激派組織アル゠ヌスラ戦線と合併し、組織名をアッ゠ダウラ・ル゠イスラーミーヤ・フィ・ル゠イラーク・ワ・ッ゠シャーム (Daula islamiya fi al-'Iraq

wa ach-Cham）とした。LP, p. 8.

さらにいえば、こうしたアラブ世界は、現在のイスラム世界全体の姿でもあるのだ。今日イスラム世界は、自らの不安と怨念に駆られながら思い描いた想像上のイスラム教対西側諸国の図を（それを恐れるにせよ願うにせよ）、多少とも分かち合うようになっている。こうした態度は、かつては必ずしも万人に共有されているわけではなかった。シャー[1]のイランやトルコは、今日までイスラエルと経済的にも軍事的にも密接な協調関係を保ってきた。しかし、国民全体あるいはその一部がイスラム教徒の国々では、西側諸国とその価値観に憎悪を表明するイスラム主義運動[2]が発展し、そうした発展や大きな影響で風向きは変わった。これらの国々の目からみれば、パレスチナに与えられた運命は、憎むべき西側諸国の特徴（物質主義、傲慢、粗暴、偏見すなわちイスラムの地に置かれた西側諸国の中継点が体現するもの）のすべてを顕示するものとして解釈されてきた。そしてその特徴は「シオニストなるもの」という言葉以外では、決して表現されることがなくなった。

（1）「シャー」は近世ペルシア語ではペルシア帝国の支配者に限らず広く「王」を意味する普通名詞となって、君主や聖者などの貴人の称号や人名の一部として用いられるようになった。

（2）イスラム教徒 musulmans と、イスラム主義者 islamistes あるいはイスラム主義とは区別されなければならない。後者は宗教的側面よりも政治的にみたイスラム教で、二十世紀後半、とくに過激化してイスラム国家を目指す思想運動の傾向が強くなった。SD, p.426.

発展途上国や新興経済国あるいはアフリカの、イスラム教徒が多数派ではない国々で、イスラエルとパレスチナの紛争がさほど熱い眼差しでみられないのは、そこに宗教的目標が欠けているからだ。それでも近東の中心をとりまく状況によって世論は動く。なぜならば紛争は「北」と「南」にある経済的、文化的、政治的に不均衡な関係から生まれた偏向を、端的に表現しているからだ。

西側諸国は、近東に戦略的経済的好機を見いだし、そこからさまざまな知識や価値観を汲み取り、磨きをかけてきたので、当然これとは別の視点をもっており、近東の将来にも見方は慎重である。それは、ヨーロッパの「大国」についていえることだが、とくに最近ではアメリカが違った意味で近東への関心を強めている。

近東に対するアメリカの視点は、「超大国」というその立場によって義務的に、他の国以上に（そしておそらくアメリカ自身が望む以上に）条件付けられている。アメリカは、近東につねにその存在を示さなければならないし、とくに湾岸の石油王国とは、エジプトやヨルダンと同様に良好な関係を保持しなければならないからだ。にもかかわらず一九六七年以来、アメリカのアプローチは、世界のどの国からみても明らかなように、イスラエルに切れ目なく外交的軍事的支援を絶えず行なうという選択を優先的な指針として続けられているのである。

近東の地政学的役割に関し、ヨーロッパの主要諸国の視点は、概してバランスがとれている。イスラエルは、ヨーロッパからみれば、地理、経済（イスラエルにとってEUは貿易で一番の取引相手である）、共有される文化や民主主義の価値体系といった点で、最も近しい国と考えられている。だが、さまざまな歴史的戦略的理由（これについては、後に詳述しよう）から、パレスチナ人の将来にヨーロッパから注がれる関心は、北米からの視線よりもはるかに積極的である。

ロシアと中国の立場はこの二十年でずいぶん変わった。とはいえどちらにとっても、地政学的には近東は重要な地域でありかつ目標だと考えられている。

以上みたように、近東は、我々が指摘した境界内にあって全世界というチェスボード上の中心的位置を占め、そこでは局地的な立役者たちの構想から始まって、さまざまな相反する構想がぶつかりあっている。彼らはさまざまな複雑な展望において、一方で地域的な狙いから、世界的な規模の公然たる（あるいは隠然たる）戦略的目標をもち、他方で社会、文化、宗教においては極度に対立的かつ個性的な信念や観念を抱きながらそれらを組み合わせていく。

本書の第一部では、そうしたさまざまな展望の分析が対象となるであろう。展望の多様性、互いに示しあう非妥協的な外見、そこから生まれる力関係と紛争……。それらの原因は、上古の時代から現代にいたるまでにつくりあげられた、物質的かつ観念的構造において見いだされるのである。これらについては第二部で検討していく。

第一部　展望過剰の空間

第一章　局地的な立役者たち（イスラエル、パレスチナ、近隣のアラブ諸国）

I　イスラエルの展望

イスラエルの展望[*1](1)はシオニズム[*2]の理想にもとづいている。シオニズムは十九世紀後半のヨーロッパを動かした「民族国家」論に組み込まれていたが、後に反ユダヤ主義(2)（アンティセミティズム。この言葉は一八七九年に初めて登場した）と呼ばれる覚醒運動に担われて、一八八〇年代にユダヤ人国家復権の要求となって登場した。この言葉自体が一般に使われるようになったのは、一八九二年以後である。シオニズムは当初、未分化な状態における領土問題を特徴としていた。

（1）二〇一三年のイスラエル中央統計局のデータでは、総人口は八〇二万人である。そのうちユダヤ人が六〇四万人（七五・三パーセント）、アラブ人が一六六万人（二〇・七パーセント）、その他三二万人（四・〇パーセント）となっている。

（2）一八七九年、反ユダヤ同盟結成の際、ヴィルヘルム・マルが初めてこの言葉を使った。

初期のシオニストは、ナショナリズム草創期の原則にならって、歴史的文化的にみた実態としてのユダヤ民族の国民的独自性（アイデンティティ）が政治的なアイデンティティとして認められること、すなわち国民国家としての形式をもちながら、その国家が入植の選択に対して開かれた領土として定着することを望んだ。彼らの多くは、歴史的宗教的理由から、そうした構想を展開させることが可能な地としてパレスチナの回復を求めたが、他方この構想に、トルコのスルタンや、地域住民や、関係機関から起こるべき反感を無視し得ないと懸念する人びともおり、そうした人びとはパレスチナ以外の土地（ウガンダ、アルゼンチン）を考えようとしていた。この傾向は一九三〇年代に入っても続き、パレスチナのイシューヴ[*3]〔パレスチナへのユダヤ人の帰郷運動によって生まれた共同体〕で経済上の困難に直面した人びと、あるいはナチスに迫害された自分たちを受け入れてくれそうな、より安全で安定した地の必要に迫られた人びとは、マダガスカルとシリアの植民地化を思いついた。初期のシオニズムにおけるこうした逡巡や論争は、いずれもユダヤ人国家の主権が行使されるべき領土に関連したものだが、それらはイシューヴの指導者たち、あるいはその後継者たる一九四八年の創建以降今日までのイスラエル国家の指導者たちが示す領土的実践主義に少なからぬ影響を与えた。

この領土的実践主義は、ごく早い時期、ある命題によって育まれた。すなわちパレスチナは「土地なき民のための民なき土地」(1)ではない、という命題である。つまりパレスチナは、当初よりシオニストの企てに対抗するアラブ人が居住していた地だということだ。その結果、アラブ人とユダヤ人入植者とのあいだに衝突が生まれる。最初の衝突は、一八八六年三月二十九日、ヤフディア地区のアラブ人村民たちが、パレスチナのペタ－・ティクワすなわち近世におけるユダヤ人の最も古い入植地（一八七八年）を襲ったときに起こった。この衝突の結果、シオニズムの指導者は、運動の企ては近東に関する展望をもたなければならず、その展望は便宜的ではありながら、同時にそれは国際社会とそこで活躍する人びとからみて合法的なものでなければならない、と考えるようになった。結局さまざまな展望は、局地的かつ国際的状況の変化に応じて、展開していくこととなった。

（1）英語では A land without a people for a people without a land. この言葉を最初に唱えたのは、一八三九年、スコットランドの聖職者アレクサンダー・キース（一七九二～一八八〇年）だといわれる。その後、ヘルツルのパレスチナへの復帰運動の高まりとともに、イギリスのユダヤ人イスラエル・ザングヴィルが運動の頂点に立ち、「土地なき民には民なき土地を」というスローガンを掲げるようになった。JJ, p.484-5.

初期のある時期、シオニストの指導者たちは、一つの領土に別の国民が主権回復の要求を掲げるのはおかしいと異議を唱えることで、ユダヤ人国家創設の願望を正当化した。これが一九二〇年から始まった世界シオニズム機構の代表ハイム・ワイツマン（一九四八年、イスラエル国家初代大統領就任）によって展開された議論である。ワイツマンは、バルフォア宣言[*4]（一九一七年十一月二日）に遅れることわずか数か月の一九一八年、すなわちパレスチナがまだ完全にイギリスの支配下に入っていないのに、早くも「イギリス人がパレスチナにはアラブ民族が存在しているかのごとく振る舞う」[*5]ことを嘆いた。彼は民族的、経済的、文化的基準にもとづいて、パレスチナのアラブ人に一国民を形成するいかなる能力をも認めることを拒否した。十九世紀のヨーロッパ世界において捏造された観点の引き写しであることの表象は、後発の近東が単独では進歩や民主主義に近づくことができず、西洋的価値観の唯一の担い手であるシオニズムが文明化の使命を果たすと考える。しかし、そうした図式的思想は、一九三〇年代末になって時代遅れであることが判明した。

そこで、さらに念の入った展望が必要になる（といっても、その深部にあるいくつかのイデオロギーの基礎は大同小異だ）。一九八〇年まで多くのイスラエル人によって共有されていたこの意見の最も有名な提唱者は、ダヴィド・ベン＝グリオンである。ユダヤ人のあいだでも、マルティン・ブーバーやイェフダ・マグネスらによって展開された「平和の契約《ベリート・シャーローム》」[1]運動の周辺に集まった人びとは、パレスチナにおける二重国家論を唱えた。ベン・グリオンは、ヘルダーとその論敵たちのドイツ思想、とくにその「国民国家」論に啓発された議論を展開した。ヘルダーは、人間集団すなわち「国民」に、固有の集団的文化の独自性を国家の独自性として表現しなければならないとした。この場合の国民とは、民族的かつ文化的基準（言語、共有された社会的宗教的価値体系）、あるいは歴史的基準（歴史上の権利）によって測られ、そのような広がりをもつ範囲として要求された地域に立つ人間である。ベン・グリオンはこうした見方の延長において、まず第一に、ユダヤ民族とアラブ民族の二つだけが近東の複数の国民国家として成立し得るとし、同時に、パレスチナのアラブ人がパレスチナ国民を形成する可能性を否定した。彼らは言語、文化、支配的宗教（キリスト教徒とイスラム教）を共有しあう「アラブ民族」に属するから、という理由《わけ》である。第二に、アラブ民族は「たくさんの広い国を動かすことができるから、とくにパレスチナ国家を求めなくても国土を形成することができるはずだ」（と、ベン・グリオンは後に『メモワール』*6で書いている）。第三に、彼が「我々がユダヤ民族」というとき、それはたんにパレスチナに住んでいるユダヤ人だけでなく、世界中のすべてのユダヤ人を指す。つまり回復要求し得る唯一のイスラエルの大地（エレツ・イスラエル）へ帰る権利をもち、その権利を行使できるすべてのユダヤ人を指す」と主張する。その大地の境界は、多少の差はあれ、イギリスの委任統治下にあるパレスチナと重なっているのである。

（1）ベリート・シャーローム（brit shalom ヘブライ語で「平和の契約」を意味する）とは、ユダヤ教における、新生男児への命名儀式のこと。割礼に賛成しないリベラルなユダヤ教徒たちによって、割礼に代わる通過儀礼として行なわれている。

信念と曖昧さにもとづくシオニストの議論が、以後五十年にわたって続いた。信念とは、自分たちユダヤ人はイスラエルの土地に国家的権利を行使し得る唯一の民族であるという考えである。彼らにとって地域の領土的共有は、ユダヤ人国家の永続性を保障するものでなければならない。そしてそこに住み続けるアラブ人は、「共同市民」として法的には平等でありながら同胞ではない。もし彼らが主権を行使したいと思うならば、「ユダヤ人国家」以外の地で行使すべきだし、それがシオニストの奨励するところである。だが曖昧さがある。どうしたら最も恵み深く広大な地を、ユダヤ国家のために、ユダヤ人の特質を危うくすることなく求められるだろうか？　この点で議論はあやふやになる。ユダヤ人の領土的願望を制限するべきだろうか？　それとも彼らの願望を正当化できるだけの、さまよえるユダヤ人の膨大な数を想像するべきだろうか？　パレスチナのアラブ人に、その地の一部あるいはすべてを棄てて去ることを、奨励ないし強制するべきだろうか？　こうした問題は「六日間戦争」[1]（一九六七年）の電撃的勝利に続く幸福感が冷めると同時に起こり、通称「ヨム＝キップール戦争」[2]（一九七三年）以後、いっそう厳しく問いただされるようになった。とくにこの戦争の後、次の三点の確認が迫られた。

（1）ゴラン高原のユダヤ人入植を巡ってイスラエルとアラブの緊張が高まり、イスラエルの先制攻撃で始まった戦争。エジプト・シリア・ヨルダン・イラクの軍事基地は破壊され、イスラエルはわずか六日間で戦争に勝利し、ヨルダン川西岸地区・ガザ地区・シナイ半島（後に返還）・ゴラン高原を占領した。第三次中東戦争とも呼ばれる。

（2）ナセルに代わってエジプトの大統領となったサダトは、国号をエジプト・アラブ共和国に改めるとともに、第三次中東戦争で奪われたシナイ半島などの奪還を目指し、軍備増強を密かに進めた。一九七三年十月六日、エジプト軍はシナイ半島で、シリア軍はゴラン高原で、一斉にイスラエル軍に攻撃を開始、不意をつかれたイスラエル軍は後退を余儀なくされた。エジプト大統領サダトの主導した奇襲作戦は成功を収め、中東戦争で初めてアラブ側が勝利を占めたかにみえた。しかし、ようやく体制を整えたイスラエル軍は反撃に転じ、シナイ半島中間で踏みとどまった。その時点でアメリカが停戦を提案、開戦後ほぼ一か月で停戦となった。アラブ側ではこの戦争を「十月戦争」または「ラマダン戦争」といい、イスラエル側はちょうど開戦の日がユダヤ教の祝祭日ヨム＝キップール（贖罪の日）だったので、「ヨム＝キップール戦争」といっている。

一、あらゆるユダヤ人の祖国であるイスラエル国家は、その説得にもかかわらず、祖国への帰還に関し国民の三分の一の同意を得ることができなかった。ロシアの強大なユダヤ人共同体は別として、離散（ディアスポラ）後のユダヤ人でもとくにアメリカにいる人びとは、大挙してイスラエルへ亡命する気にはなれなかったようだ。その結果、たとえばヨルダン川西岸（一九六七年、制圧）の併合などによるユダヤ人の領土拡大努力は、彼らとアラブ人とのあいだに作用する人口圧力の関係によって、ユダヤ人国家の特性を脅かしかねなくなった。

二、「パレスチナ問題」は存在する。パレスチナ解放機構PLOの誕生（一九六九年）とオブザーバーとして国連入り、そこでなされたヤーセル・アラファトの講演（一九七四年）、ヨーロッパとアメリカにおける連携的活動などの動きから、国際世論はこの問題の存在を確信するようになった。イスラエルの指導者はこうした変化に敏感に反応し、また自らパレスチナ人を自称する一〇〇万以上のアラブ人の存在に直面した結果、「アラブ世界」への帰属感に還元できないようなパレスチナ人の国民感情というものが存在することを認めざるを得なくなった。

三、イスラエル人社会は、もはやイシューヴの先駆者たちが抱く思想のなかでしか認められないものではなくなった。若い人びとに対してさまざまな試練（ユダヤ人の青少年少女のための通学、兵役義務）を課しても効果はなく、スファラディーム[1]（スファラディ）とアシュケナージム[2]（アシュケナージ）の溝や宗教家と一般人のあいだの伝統的な亀裂も消すことはできず、さらには経済的発展、都市化から生じた新たな亀裂も埋められず、西側諸国世界やそこで展開される国民国家や国の独自性に関する議論に対して、窓口がますます広がっていくのも食い止めることはできなかった。こうしたさまざまな新しい亀裂は、旧世代の人びとの反発を買うと同時に、危機的時代を迎えたとき、もはや国家滅亡の恐怖感を共有することによってしか連帯できないと考えがちなイスラエル人社会に対して、遠心力として作用していった。

（1）ディアスポラのユダヤ人で、主にスペイン、ポルトガルまたはイタリア、トルコなどの南欧諸国に十五世紀前後に定住した者を指す言葉。
（2）ユダヤ系のディアスポラのうちドイツ語圏や東欧諸国などに定住した人びと、およびその子孫を指す。アシュケナジームとスファラディームは、今日のユダヤ社会の二大勢力である。

とはいえイスラエル人は、一方で渋々ながらも「パレスチナ的事実」を認めており、他方でインティファーダ〔反乱〕勃発（一九八七年十二月）以前まで彼らの大多数は、ヨルダンはパレスチナ人が主権への願望を実現するべき領土であると考えていた。しかるにインティファーダとそれに続く交渉、さらにオスロ合意といった一連の動きによって、近東に対するイスラエルの展望は激変していく。意見の一部には徹底抗戦主義もあり、かなりの論争と態度の硬化（その結果はラビン首相の暗殺につながった）もあるなかで、結局ユダヤ人国家の安全と永続性を保障できるのは、イスラエルとパレスチナ人国家間で委任統治領パレスチナを分かち合う以外、道はないという考えに到達した。大部分のイスラエル人からみれば、この協定は領土と引き替えの平和を想定するもので、その犠牲を考えれば心痛むものであったが、一九九九年五月十七日の選挙で勝利したエフード・バラクが首相に就任したことによって、協定は確定したかにみえた。ところがバラク政権の政策（一九九九〜二〇〇一年）の矛盾や、オスロ合意（一九九三年）後に実施されたパレスチナ当局の政策の矛盾、さらに領土協定に関する一連の交渉の失敗と、それに続く武力闘争や軍事作戦への回帰などからイスラエル側の展望に三つの大きな影響が生まれた。

まず大多数のイスラエル人は、かつて他者から排撃されたり、あるいは都市を破壊されたりしたときの痛ましい記憶がよみがえり、その結果、領土内での武力紛争が再開するやいなや、バラクの安全対策優先の政策を承認するようになった。この対策は、労働党のバラク政権の後を継いで、アリエル・シャロン（二〇〇一～〇六年）、エフード・オルメルト（二〇〇六～〇九年）ベンヤミン・ネタニヤフ（二〇〇九年～）らいずれも右翼の政治家により支配された政権の定式化された手法となった。

第二の影響は、それによってイスラエルの政治的細分化の過程が保たれ、おそらくは加速されたことである。シオニズムの理想論と価値観を中心として、イシューヴの先駆者あるいは国家の創建者たちによってつくりあげられた国家的イデオロギーの統一に対して見直しが始まったのは、第二次インティファーダ〔二〇〇〇年九月〕からのことではない。すでに述べたように、イスラエル社会の遠心力は、少なくとも三十年前から大手を振ってまかり通っている。とはいえ二〇〇三年以後行なわれた、いくつかの総選挙の結果をみると、この力はパレスチナ人との紛争からエネルギーを汲み取っているかにみえる。

第三の影響には矛盾があると思われるかもしれない。イスラエル人の大半は、イギリス委任統治領パレスチナから受け継いだ領土を分かち合っている相手であるパレスチナ国家を「整理するのはやむを得ない」（なかには「それが望ましい」と思う人もいる）、と考えている。二〇一五年七月、イスラエルのユダヤ人の五七・九パーセントは、二つの民族の二つの国家という原則にもとづいた、パレスチナ当局との和平交渉に賛成した。[*7] しかるに前述のいろいろな理由（イスラエル社会の全体的な無秩序と右傾化、深刻なイデオロギーの細分化）によって、一部の少数のユダヤ人（二一・八パーセント）で左派に属すると認められる人びとは、こうした交渉は近い将来平和への道につながるだろうと考えている（もっとも一九九九年春、多くのイスラエル人はそんなことにはならないと信じ込んでいた）。

結局、多数のイスラエル人は、「たしかにパレスチナ国家は結構だが、それがいつ、どういう形態をとるのか、どういう領土をもつのかといった点について、はっきりしたことは言えない」といった、困惑した姿勢をとりながら、パレスチナの将来の構想を受け入れたようだ。こうした方向性がみえない姿勢は、第二部で改めて論じるが、イスラエル、パレスチナ、アメリカの、それぞれの指導者たちの曖昧かつあやふやな態度を反映しているのだ。

イスラエル人社会は、その指導者ばかりでなくときには国際社会からも、イスラエル－パレスチナ関係の明確で現実的な将来への見通しを与えられないので、和平実現への道筋についてかつてなく混乱した展望を抱くようになった。指標がかすんでいるうえに、それを何とかしようとする政治に不安があるから、一種の孤立状態、すなわち人びとは自分が帰属する一つあるいは複数の集団に、やむを得ず閉じこもる。

もちろん非ユダヤ人のイスラエル人は、共同市民たるユダヤ人と展望を共有してはいない。といって彼らも、「パレスチナの兄弟と連帯する」アラブ人の展望に執着する気はなく、イスラエルの民主制や国の経済組織と教育システムから得られる時代に合った便宜に並々ならぬ愛着をもっている。

Ⅱ　アラブ諸国の展望

アラブ諸国の未来図は総じて、一方でヨーロッパの国家や国民に関する主導的議論の影響を受け、他方で近東あるいはイスラム社会全体の宗教や社会に関する古典主義に影響され、長い間「汎アラブ主義」の刻印を負わされてきた。この思想の唱道者たちは、ドイツとイタリアの統一をモデルとして、すべてのアラブ諸国を結集することで、近代的な政治制度や技術を使いこなせないアラブ人たちを軽視する西側諸国の人びとの主張に対抗したいと願った。

しかしこの願望は、一九一八年以後勝ち誇った列強がアラブ世界を寸断して定めた国境と、まずもって衝突した。さらにこれら寸断された国々が独立を達成した後は、この願望はそれぞれの国の国家組織が、権力と利権の手段を放棄することを拒否するという壁にぶつかった。一九四五年三月二十二日に成立したアラブ連盟は、何よりも汎アラブ主義に向かうと思われたが、実際にはその命名から始まる植民地的なドラマにより必然的細分化を許した。より制限された統一化の試みがいくつかなされたが、いずれも願望の段階にとどまるか、アラブ連合共和国（一九五八年に創設されたエジプトとシリアの統一、一九六一年初頭に解体）のように早産の憂き目に遭った。

汎アラブ主義の失敗は、何よりも近東におけるアラブ世界の展望をさまざまに描く上で、とくにパレスチナの独自の展望を構成する上で大いに貢献した。

Ⅲ　パレスチナの展望

たしかに近東はさまざまな宗教が生まれ、とくに三大天啓宗教の聖地が隣接しあう土地である。十字軍の記憶が刻まれ、ヨーロッパ強国の影響がどこよりも強く働き、シオニストの移植が最初に始まったこの近東の地は、そのままイギリスの委任統治下のパレスチナとなり、住民は「パレスチナ的特性」を意識するようになった。しかしそうした感情は、あやふやでいざこざの絶えない国境周辺の現実を覆い隠した。パレスチナの名士たちは、アラブ統一の大義を全体として擁護し、委任統治下の分割を拒否しようとした。彼らは「南部シリア人」と自称し、逆説的だがそれによって「パレスチナ国家は存在しない」という主張を支持することとなった。しかしこの主張も、統治受任者である列強によって課せられた決定によって息が切れた。それによって委任統治領パレスチナが生まれ、バルフォア宣言において約束されたとおり、ユダヤ人国家発祥の地がその中心に設立された。こうした状況のなかで、委任統治領パレスチナの領土的回復とシオニズムの排斥を基礎とするパレスチナ人の展望が確立されようとしていた。

以上のような次第で、パレスチナ人のための国家を論じるイデオローグたちの支配的な展望は、一九四八年のイスラエル国家建国宣言とそれに続くパレスチナの分割までは、委任統治領パレスチナの全土と重なる統一国家の展望そのものであった。そこではユダヤ人とアラブ人は同等の市民として扱われ、バルフォア宣言以前にパレスチナにいたユダヤ人とその子孫だけがパレスチナの市民権を得るべきか否か、といった問題は論議されないままにおかれた。しかしユダヤ人国家が生まれて以後、パレスチナの展望は唯一の論点に収束していった。すなわち、統一的で民主的なパレスチナ国家の創建を可能にするただ一つの手段は、イスラエルの解体だとする議論である。しかしこれは戦争の論理であり、この論理に孤立したパレスチナの指導者たちも、それだけではディアスポラのパレスチナ人（イスラエルとなった地域に居住した人びとや近隣のアラブ諸国や湾岸諸国に逃れた人びと）と共有すべき国民的独自性の基礎をつくれるとは思っていなかった。そうした人びとは逃れた先の国の国民と同化しており、したがって汎アラブ主義や国家的利益という名目でパレスチナの一部あるいは全土に対して野望を抱くアラブ諸国に対抗できるような国民的独自性をつくることは困難であった。それゆえ一九六〇年代後半になると、彼らは「パレスチナの独自性は真正で、内在的で、永続性という特徴もつ」と主張し、「それは親から子供へ代々伝えられるもので、シオニストの占領によっても、耐えがたい苦しみから生まれたアラブ・パレスチナ人の離散によっても消し去ることができない、パレスチナ人独特の民族的特性である」[*8]とした。一九二〇年代以降のシオニストのイデオローグのそれとも見まがいかねない手口で、パレスチナのイデオローグたちは同胞たちの空想に、以下のような「大地」の神聖化という観念を提供した。「この国民は自らの大地に絶えず密着して生きてきた。それゆえそこには国民的特性[*9]の刻印が遺され、民自身には《回帰》という文字が刻み込まれた。……なぜなら祖国から遠く離れて暮らしていようと近くにいようと、人びとは回帰と独立の権利[*10]に対する信念を決して失うことはなかったからだ。《血の権利》という言葉も刻まれた。なぜならばあらゆるパレスチナ人の親から生まれた人間は、たとえ生地がパレスチナのなかであろうと外であろうと、すべてパレスチナ人であるからだ[*11]」。

少なくとも大多数のＰＬＯのメンバーをはじめとするパレスチナのイデオローグたちは、その展望を、ある意味でイスラエルと対称的なやり方で、自国民の独自性という軸線に沿って発展させながら（それは委任統治下のパレスチナの再征服という軸線というより、むしろパレスチナの文化的、宗教的内容や経済的社会的連帯性を含めた軸線である）、彼らなりに領土問題への実践的アプローチを採用した。すなわち未来のパレスチナ国家は、その国境をユダヤ国家と隣接させて定めることはやむを得ないとしても、委任統治時代の境界によって区切られたものではなく、経済的、社会的、文化的にみたパレスチナ人的独自性を展開させ得る範囲内の国家としたのである。

この展望は、ごく一部のパレスチナ人からは拒否されたものの（そういう人びとはとくにイスラエルとの交渉拒否とハマース(1)による武力闘争を賞揚したり、イスラム主義的ジハード(2)を追求しようとする人びとのなかにしか認められなかった）、オスロ交渉とそれに継ぐ協定締結（一九九三年）からその具体的な基礎を得た。

（1）ハマースはアラビア語で「熱狂」、「興奮」という意味。イスラーム主義を掲げるパレスチナの政党。一九八七年、ムスリム同胞団のパレスチナ支部を母体として創設された。
（2）日本語では「聖戦」と訳されているが、アラビア語では「努力」あるいは「地上のすべてに神の法を広める努力」を意味する。

だが協定の具体化には困難と遅延が伴って、結局失敗に終わり、二〇〇〇年秋から〇五年末までの武力衝突から、イスラエルの地におけるカミカゼ隊の自爆行為、それに続くイスラエルの領土内報復など地獄のサイクル（二〇〇〇年秋から〇五年末までの死者数は五千人を超えた）が再現された。ガザ地区に不幸をもたらしたヨルダン川西岸の経済的困窮、ユダヤ人入植の続行、政府当局の信用失墜、（二〇〇四年十一月、歴史的指導者アラファトの死後、政府の信用はその怠慢と腐敗によって急速に悪化し、失われていった）、学校教育、社会保障費の無料化、学校組織に支えられたイスラム主義者とくにハマース運動の公聴会増加、彼らによるイスラエル国家破壊の提唱、自爆行為、パレスチナ・イスラム国（IS）の創設など、あいつぐ事件によって協定の展望の影は薄くなった。

イスラエルの非妥協的な態度、ヨルダン川西岸へのユダヤ人の入植、パレスチナ当局のやり場のない怒り、イスラエルの領土に向かって発射されるロケット弾、二〇〇七年ガザ地区を制圧したハマースにより多少とも抑制されたテロリスト集団と、これらに対するイスラエル側のツァハル[*12]（イスラエル国防軍）の突然の軍事行動（二〇〇七、〇九、一二、一四年）、そして「パレスチナの大義」に殉じた英雄と犠牲者の葬列など、これらすべては最近十年間に、徹底抗戦主義的方針の混乱がパレスチナ側で進行していること（二〇一五年九月、パレスチナ人の五一パーセントが両国家の融合に反対し、四二パーセントがパレスチナ国家建設は闘いによってのみ実現可能と考えている。これに対し交渉に賛成する者は二九パーセント、非暴力的抵抗を推す者は二四パーセント）[*13]、そしてイスラエル側の徹底抗戦派の展望もこれとまったく同様であることを物語っている。

Ⅳ　その他の近東地域の展望

一九四八年、アラブ諸国の指導者とその国民は、武力闘争の敗北とイスラエル国家創立の宣言がなされると、密接に結ばれた二つのテーマから生まれた近東の展望を描いた。すなわちアラブの統一とユダヤ人国家滅亡である。ユダヤ人国家は、「アラブの大地」において異質の存在であり、汎アラブ主義の目的を実現するべき地理的イデオロギー的戦略にとって障害とされたからである。

まもなく統一化されて、イスラエルという「変則」から脱することができる——近東アラブのこうした一枚岩的な展望は、何度かの衝撃によって揺れ動くこととなった。というのもその後アラブは、対イスラエル戦において、あいつぐ失敗（一九五六、六七、七三年）を重ね、そこから力で相手を滅ぼすことは不可能だという感情が生まれたからである。アラブ連邦共和国（RAU）の解体、新たに出現した国民国家主義は、徐々にアラブ・ナショナリズムと重なりあい、ときには競合するようになった。経済的社会的問題が深刻化し、軍拡競争は珍しくなくなった。国際環境の変化も著しく、「六日間戦争」後、この地域に加わるアメリカの圧力は強まり、とくにソ連崩壊後その傾向は強まった。こうしたデータに導かれて、この地域のアラブ人指導者たちは多少とも未来への展望を変更せざるを得なくなったのだろう。ただし、これまでのところサダム・フセインだけは例外で、領土的利害をもたない彼は、イスラエル承認拒否の闘いで断固として最前線に立ち、和平に反対するパレスチナの過激派を支持し、イスラエルにおける彼らのテロ活動を財政的に支援した。

こうした指導者たちが、その近東の展望に新たな変数を取り込んでいくペースは、一方で、彼らだけが国益と考える特殊な利益の基準で測ってアラブ－イスラエル紛争の解決がどれだけ急がれるかについて、他方で、アメリカに接近することにどれだけに便益があるかについて、それぞれ彼らが下す判断に応じて決定される。したがって、エジプトがアラブ諸国で真っ先にワシントン条約の調印（一九七九年）に向けて一歩を踏み出したとしても、何ら驚くには当たらない。エジプトはイスラエル国家を承認することによってこの国と通常の外交関係を確立し、シナイ半島全体を手つかずのまま取り戻し、アメリカから多大の軍事的財政的援助を得ることができた。この片務的決定で、エジプトは他のアラブ諸国のすべてから非難を浴びた（エジプトは汎アラアブ主義の機関から除外された）。にもかかわらず他の諸国も、遅ればせながら、エジプトに踵《くびす》を接して従うこととなった。一九九四年十月、ヨルダンがイスラエルと平和条約を結び、シリアも成功こそしなかったが、同じ目的でユダヤ人国家と交渉した。

こうしたアラブの指導者たちの変化は曖昧で、彼らはイスラエルとの関係正常化に努めながら、厳重な監視下にある自国のメディアが、イスラエルに対して激しい攻撃を、ときにはヨーロッパでも最も反ユダヤ的な忌まわしい作品から生まれた中傷を伝播させるのを見逃していた。それゆえ経済的社会的困難にうちひしがれたアラブ諸国民にとって、イスラエルは彼らのフラストレーションと怨嗟のはけ口となり、アラブ人とユダヤ人[*14]との先祖伝来の「不一致」にかこつけ、それによって少しでも既成の政権から権力を奪おうとするイスラム主義者の運動が、ますますこの傾向に拍車をかけた。

V　周辺諸国（トルコ、イラン、サウジアラビア、湾岸諸国）の展望

ウンマ（イスラム教徒の共同体）を動かしているイスラム主義者の運動はいくつかあり、それぞれスンニ派あるいはシーア派と自称して争っているが、これらの運動の流れは、近東におけるあらゆる紛争を西側諸国対イスラムという、より大規模になりかねない対決の事例そのものとして利用してきた。こうしたアラブ－イスラエル戦の構図において、近東の国々の住民にきつい視線を浴びせられたとしても、彼らの指導者たちがその責を全面的に負うわけにはいかない。なぜならば彼らは、強引に戦略的変動要因を受け入れさせられたからだ。彼らは、絶えず国民から切り離される危険を考慮に入れなければならない立場にあった。たとえばサウド王朝は、アメリカとの同盟ゆえに対イスラエルに強硬な姿勢をみせることを避け、スンニ派のイスラム主義運動の発展に貢献しながらも、それを穏便に抑えざるを得なかった。アラブ首長国連邦の場合もかなり似たケースである。彼らは、一方で庇護者アメリカに気に入られイスラエルとの経済的取引を発展させたいと願い、他方で国民全体に支持を失ってはならない、という願望と義務のはざまに置かれている。

トルコの指導者たちのなかでも、とくに軍部に影響力をもつ人びとの展望は、長い間いずれもケマリ

[1]ストとその同調者の思想をシオニズムの思想（近代主義、世俗性など）と組み合わせ、親近性の欠如をアラブ世界や北大西洋条約機構加盟国の戦略的考慮と結びつけてきた（これには国民的独自性と歴史のうえでのいくつかの理由がある）。そうした事情から、一九四九年、トルコはイスラエル国家を承認し、両国のあいだで一九九六年に軍事協定が締結され、一九九七年には自由貿易協定が発効した。しかし二〇〇二年十一月、イスラム主義の政党公正発展党（ＡＫＰ）が政権を掌握して以来、軍事的階級制の影響力が弱まり、ＡＫＰが宗教的信念や選挙上の信念を披瀝できる段階に入ると、イスラエルに対してかつてなく批判的な講演が行なわれ、また、近東におけるオスマン帝国時代の優越的立場に対するノスタルジーにもとづいた地域的影響力の強化が試みられるようになった。

（1）ケマリスムは、両大戦間にムスタファ・ケマルすなわちアタテュルク（トルコ共和国の初代大統領）によって進められた改革運動。トルコ帽やヴェールの廃止から始まって一般市民生活とイスラム法シャリーアとの相違から起こる問題の解決を図ろうとしたが、その政治的独裁のゆえに、西洋型民主主義にたどり着くには至らなかった。

一九七九年のイスラム革命以降、イラン政府の展望はイスラエル国家の正当性という点において急変した。かつてイランによって最も早い時期に承認されたイスラエルは、いまや「アメリカの大悪魔」の化身とみなされ、したがって消えなければならない存在とされた。イランとの原子力協定（二〇一五年夏）以降も、最高指導者ハーメネイーはこの主張を繰り返している。他方イランの展望には、シーア派につきものの特徴が依然として存在する。すなわちこの派は、ペルシア帝国の正統な継承者としてスンニ派のアラブ諸国やトルコというライバルをないがしろにして地域的リーダーシップを発揮し、シリアのアラウィー派体制に対し、バグダッドのシーア派政府に対し、レバノンのヒズブッラー（ヒズボラ）に対し、とりわけアラビア半島のバハレーンに対し、それぞれ財政的軍事的援助をすることによって幅をきかすことを狙っているのである。

第二章　大国ならびに超大国の展望

十九世紀のヨーロッパでつくられた近東のイメージは、この地が発する魔力、すなわち文字通り妖しい魅力と、反発力を表現していた。

魅力とは、すなわち「文明の揺籃の地」としての魅力で、それは瞬く間にヨーロッパの所有物となってしまった。近東は、ヨーロッパによってイスラム以前の歴史を奪われ、独占されてしまった。近東の役割は、西側諸国にとって史上最古にして最高の聖地の受け皿でしかなくなった。こうした魅力に比べれば、政治的指導者やその経済力から生まれる近東へ寄せる関心はずっと卑小であった。中東さらには極東へつながる陸路と海路を抑える上で、戦略的に重要な位置を占める近東への関心が生まれたのは近世の始めであり、その地下に埋蔵されているエネルギー資源への関心は二十世紀初頭になって生まれた。

近東に対する「反発力」といったのは、近東が、その文化と歴史の最も古い衣をはぎ取られ、あるいはつねに西側諸国とその価値体系を脅かすイスラム教一色の空間として認められ、反啓蒙主義、専制主義、策謀と暴力の元凶として考えられたからである。「我々の打撃で跡形もなく消えた」[*1]はずの「悪魔のようなアラブ人」[*2]に対するこうした偏見に満ちた人びとは、両大戦間の植民地的エピソード後に消えるどころか、イスラエル国家の誕生に対するアラブ世界の敵意に繁栄の新たな根拠を見いだそうとした。大量殺戮《ショアー》の衝撃を受けた西側諸国は、イスラエルがもつ展望には責任を負い、アラブ側が主張する議論に相変わらず耳を貸さなかった。イスラエルは西洋的特質を身につけ、「砂漠に花を咲かせ」、西側諸国の民主主義を反映させるだけでなく、数において優勢でひたすら自国を滅ぼそうと願っている敵に果敢に抵抗した。敵は捉えどころがないが、経済や民主主義といった近代的な諸制度を慢性的に制御できないのだ。「六日間戦争」（一九六七年）におけるイスラエルの歴然たる勝利以後、西側諸国の報道は、こうした観点をはっきりと示していた。

だが、こうした展望にはある変化が生まれた（「六日間戦争」とその数々の直接的あるいは長期的な結果が、この変化と無関係ではない）。アラブ世界に対する偏見を捨ててはいないが、この変化はパレスチナ的要素に近づく新たな道を（その道筋はヨーロッパとアメリカで異なる）示しているのである。

I　ヨーロッパ

一九六〇年代末から、ヨーロッパでは植民地解放から得るべき教訓、国家論を巡る論争、アイデンティティと民族自決権、解放闘争への支援などが盛んになり、それらの背景として陣営間すなわち国家連合間の対立やベトナム戦争があった。これらはパレスチナの難民キャンプにおける貧困、苛酷な領土占領、ガザにおけるイスラエル軍の暴虐などがテレビの映像によって解説され、それによって世論つまり一般大衆にとって、パレスチナ問題はいっそう理解しやすいテーマとなっていった。ヨーロッパの指導者たちはパレスチナの要求に対して、とくに一九七三年の石油危機以降、いっそう注意深い対応を保つようになり、アラブの傷つきやすさに配慮するようになった。

一九七五年に始まったレバノン内戦、それを終わらせようとしたシリアの介入（一九七六年六月）、イラン革命の激動（一九七九年二月）、エジプト大統領サダトの暗殺（一九八一年十月六日）、イラク－イラン戦争（一九八〇年九月～八八年八月）、〔イラクの〕クウェート侵攻（一九九〇年八月）、シーア派ならびにクルド人の反乱へのイラク軍の残虐な弾圧（一九九一年三月）、平和的だった抗議運動が反乱に変わった（二〇一一年三月）。これに対してシリア政府によってなされた同じく残虐な弾圧、さらにイスラム主義義勇軍が拡散させた度重なるテロ（武力衝突開始後の死者数は、二〇一五年八月には二五万人を数えた）、アメリカの進攻で始まった、イラクの冷たい内戦（二〇〇六年一月から二〇一四年十二月までになされたテロ行為の回数三万六二五）といったさまざまな言葉が、予期しがたい、不安定な、残忍な近東についての常套句として固まった。だがイスラエル－パレスチナ紛争についての展望は、あまり一枚岩的ではなく、矛盾に満ちているようだ。パレスチナの大義は、それまでアラビア語の専門家の世界にしかみられなかったようなアラブ世界への同情を呼び起こした。このような情勢の変化はヨーロッパにいるイスラエルのオピニオン・リーダーたちからの非難や攻撃にさらされ、国家やヨーロッパ関係機関の外交官によって注視されるようになった。彼らはこの変化を、各国が個々にあるいは集団的に体現すると主張する価値基準に従って判断した。彼らはまたこの変化を、一九六七年にアメリカが定めた立場を考慮に入れた。そのようなわけでヨーロッパには一九七〇年代頃から、パレスチナの主権国家の概念が、首都として東エルサレムを含むガザ地区とヨルダン川西岸について考慮したものとならざるを得なくなった。こうした枠組みのなかで、アラファトのPLOは、とくにアラファトが国連総会（ジュネーヴ、一九八八年十二月）でイスラエル国を承認し、イスラエル国家滅亡を呼びかけたパレスチナ宣言（パリ、一九八九年五月）を無効として以来、パレスチナ人の合法的代表とみなされるようになった。ヨーロッパ人は、オスロ合意は望ましい方向に向かいつつあるので、EUを通してパレスチナの新たな政府当局に財政的援助を提供することを受け入れた。武力衝突の再開と和平へのプロセスの麻痺は、ヨーロッパ人の展望を基本的には変えることはなかった。とはいえ、達成すべき目的、すなわち「平和化された近東における持続的なパレスチナ国家」について共通のヴィジョンをもちながら、それを達成すべきそれぞれの役割については、国連、アメリカ、そしてヨーロッパ人自身の三者で割れていた。そのことはイラク戦争（二〇〇三年）前にあったさまざまな前触れと、二〇一一年から始まったシリア内戦とによって生々しく露呈しているのである。

Ⅱ　アメリカ

アメリカの近東に関する展望は、ヨーロッパ主要国家の展望とは対極とはいわないまでも、かなり異なっている。もちろんアメリカは、二十世紀初頭、経済大国の筆頭として国際的舞台で重要な役割を演じるようになって以来、ヨーロッパ諸国と同様の偏見と願望をもって近東に接近してきた。アメリカはこの地域で特段の信用を得られたことは承知していたが（その理由の一端は、かつてウィルソン大統領にここで与えられた人気にあったろう）[*3]、その願望はイギリスとフランスが近東において所有する特権的立場にあからさまに抗議することではなく、そこから石油資源の利益を得たいというだけのことだった。しかるに一九四五年以後、アメリカのエネルギー需要は増加し、第二次世界大戦から生まれたもう一つの超大国との地球的規模の対立、さらにソ連の崩壊、超大国となった自国の立場などから、アメリカは世界に優越する地位を維持するために、この地域を絶好の争点として注目せざるを得なくなった。こうした変化は、まずもって近東に関するアメリカの展望を、ヨーロッパ諸国のそれとは違うものとした。何よりもアメリカの同盟国とくにイギリスとフランスには、アメリカに従属しないような政策を実施する権利はもはやなくなった。スエズ危機におけるアメリカの態度は、それを雄弁に物語る。この点におけるアメリカの立場は、今後も変わらないであろう。たとえばヨーロッパは財政的にアメリカの近東政策に追随することはできるし、またしなければならないが、それから離れたいと主張することも、それを左右させようと試みることもできないだろう。二〇〇三年のイラク戦争についていうならば、アメリカ発の戦争に対する反対論がヨーロッパではドイツとフランスによって擁護されたことがあったが、これにたいしてアメリカが猛烈に反応したことが、紛れもなくそれを証明している。アメリカとヨーロッパの展望の第二の相違は、「六日間戦争」後、アメリカがイスラエルをほとんど無条件に支持し、毎年財政援助を行なうという決定を下したことから生まれた。援助額は年を追って増加し、現在年間三〇億ドルに達している（この額には低金利の貸付も、アメリカ財務省から認められるイスラエルへの貸付保証額も含まれてはいない）。さらにアメリカは高性能の武器をイスラエルに提供し、近東における既存の力関係を左右すると思われる決議案が国連安全保障委員会に出るたびに、拒否権を行使している。地域の枠を大幅に超えて下されたこの決定が維持される一方、アメリカにおける親イスラエル派の積極的介入はますます効力を発揮し、当初東西対立と結ばれていた動機はつぎつぎと消えていった。アメリカではたくさんの有力なユダヤ人共同体があり、その大半はシオニズムの大義でまとまっているが、プロテスタント原理主義もイスラエルの擁護に熱心で、近東における将来の再組織化に関する視点に、それをつなげようとしている。

このような展望からイスラエルがアメリカの中心的問題となったことは、北米大陸全体のメディアがこの問題に払う高い関心が証明しているところである。かくしてイスラエルはアメリカの近東における重要なパートナーとなったが、それゆえにアメリカは複雑な立場に置かれた。なぜならばイスラエル国家の将来は近東における唯一の争点ではなくなり、アメリカは新旧いずれのアラブ諸国ばかりでなく、イスラム世界全体を安心させなければならなくなったからである。これらの国は、二〇〇三年の介入以来生まれたイラクの混沌や、シリアを蹂躙した内戦、存続可能なパレスチナ国家の承認のイスラエルによる拒否、等々に直面してアメリカの反応に怯え、不安を感じているのである。といってアメリカは近東だけにかかわっているわけにはいかない。なぜならば地政学的にみて、中国の願望は近年最重要課題となってきたからである。

Ⅲ　ロシアと中国

アメリカ以外に他国との差を際立たせることに熱心な大国として、ロシアと中国がある。両国は近東地域で積極的役割を果たそうと企て、ときにはそれを成功させたこともあった。両国は互いに対立的になったこともあったが、一九八〇年代末まで彼らは互いにアラブに賭けてカードを切った。冷戦の終焉とともに、両国は以前同様、近東の戦略的重要性を測りながらも、端役に甘んじざるを得なかった。だが一九九九年にウラジーミル・プーチンが政権の座に就くと、ロシアは世界の他の地域の場合と同じように、近東でも舞台の前面に復帰した。二〇〇六年、パレスチナの総選挙でハマースが勝利するやいなや、その運動（それはイスラエルと西側諸政府から「テロリスト集団」の活動とされていた）の指導者たちはモスクワに招聘された。というのもシリアの混乱が始まって以来、ロシアはシリアを支持し、外交的にはバシャール・アル＝アサド体制に対する国際的介入あるいは制裁決議に何度となく拒否権で応じ、軍事的には近東の最期の同盟国であると同時に自国の戦略海軍基地を配している国〔シリア〕に、ふんだんに武器ならびに軍事顧問を提供した。二〇一五年、ロシアはジハーディストを叩くとされた空爆によって、直接介入に新たな一歩を踏み出したが、実はその主目的は、シリア情勢の解決にはロシアが不可欠だと思わせることだったのだ。

中国の立場はなかんずく便宜主義的である。中国はロシアにあわせて拒否権を使う。それは自国の内政についての明白な考慮を払うがゆえに、主権国家の問題に対する一切の干渉に反対しているからだ。とはいうものの中国はロシアほど表だって行動をする気はない。なぜなら中国はイスラエルとの技術交換と商取引で関係強化を図りつつ、エネルギー資源の供給保障や、ヨーロッパへの海上ルートの安全を危うくしたくないし、中央アジアで隣りあうイスラム教国家の評判も落としたくないからだ。

第二部　政治過剰の空間

第一章　近東空間の政治構造理論

Ⅰ　接触の空間

序論で強調したように、近東は物理的な統一が存在しない。海岸や河川沿岸部の平野、丘陵、山岳地帯といった地形は近東ではすべて並列的である。近東に一貫している特徴、歴史の各時代を通じて近東を反映させ、あるいは不幸をもたらしている特徴は、東西のはざまというその位置である。

巨大な山塊はまずトルコのタウルス山脈やイランのザグロス山脈の延長線上で、あるいは今日クルディスタン・イラクと呼ばれるイラク北東地域境界に局在し、その最高点は海抜三六〇七メートルに達する。第二の山岳地帯全体は地中海沿岸に沿いながら平行線の襞をなして広がり、これを断つように険しく穿たれた何条もの渓谷が海と内陸に向かって下っている。レバノン山脈の高峰（クルナ・アッサウダー山、三〇八三メートル）や、アンチレバノン山脈（南側に下っているヘルモン連山、二四六四メートルと二八一四メートル）は、北のジェベル＝アサリエー（一五六二メートル）に向かって低くなり、南に向かえばリタニの鞍部、ガリラヤの山、さらに西ではユダヤの山、東ではヨルダン川東岸の平野に達する。この山塊全体はさらに南でシナイ山塊（サンタ＝カタリナ山、二六三七メートル）に突入するが、この山塊は地質学的にみるとエジプト東部の山々（二一八七メートル）と接している。南北に短く走るこの山塊全体の真ん中には、崩落によってできた深い溝があり、これは紅海の地溝の延長である。アカバ湾、ワディ・アラバ砂漠の陥没、死海（標高は海面下四二九メートル）、ヨルダン渓谷、レバノンのベカー平原、シリアのガーブ高原などがその例である。傾斜断層の地震活動は今日でも第三紀噴出溶岩（ゴラン高原）に伴って感知され、この地域に古代より有名な温泉地をもたらしてきた。巨大な山塊とそこからシリア、ヨルダンに通じる高地は、海岸部や河川流域の平地を囲んでいる。

地中海沿岸の平野は、自然そのままの狭い湿地で縁取られ、それらを囲む砂丘は所どころ内陸の高地からの突出する岩山によって断ち切られる。沿岸の平野で本当に繁栄しているのはナイルのデルタ地帯だけで、そこから西に延びるのは陥没地が点在する荒野である。河川部の平野は主として二つの地帯から成り立っている。一つは狭いナイル流域、もう一つはティグリス川とユーフラテス川によって集水される広大な流域である。だが本書のテーマの立場からこのような地形的複雑さについていうならば、沿岸の平野と内陸の地溝とによってアフリカとユーラシア大陸の南北を結ぶ自然の交通路となったこと、地中海沿岸の停泊可能地点からアジアへのびる高地や平原をつなぐ制御しやすい深い渓谷が東西を結ぶ交通路となったことを指摘しておこう。これら二つの軸線こそが近東空間の戦略的重要性をいっそう高めたのである。

近東には気候の統一性は存在しない。もちろんそれは全体として半乾燥地帯に属する広い地域だが、夏はその多くの場所で日照りと乾燥がしつこくつきまとう。もっとも地形、緯度、地中海からの遠近の差、気温と降水量などに、かなりはっきりしたコントラストをもたらしてはいる。沿岸部と最初の隆起における地中海性気候は、東と南に行くほど高温で乾燥した気候に歩を譲る。高地と砂漠地帯において、気温は日中と夜間で相当変化するようになるから。降雨量もそうした要因から影響を受ける。レバノン山脈西側の傾斜地は年間一三〇〇ミリ、同じくベイルート九〇〇ミリ、アシュケロンもまだ四二〇ミリ前後あるが、南と東に行くほど乾燥度は増す。ナバテア王国の名高い都市ペトラには一五〇ミリしか雨が降らない。ダマスカス二六六ミリ、バグダッドは一二五ミリだが、年によって五倍の開きがある。こうした制約を人間が克服できるのは、「レバノンの給水塔」と呼ばれるヨルダン川や、自然の貯水池ティベリアス湖、あるいは多湿の山岳地帯の恵みを水源とするよどみない河川（ナイル、ユーフラテス、ティグリス）があって、天が拒む水を人間にもたらすからだ。以上が近東にごく早い時期から人が住み、争点となった由縁である。

Ⅱ　争われる空間

近東は地形的にまた気候においてさまざまな対称性があり、それゆえに前一万年から前六〇〇〇年にかけてさまざまな段階を展開させる「新石器革命」の中心となった。近東はこの革命を二元論的に駆使したが、その名残は今日になっても完全に消えてはいない。たとえば平野や河川に沿った土地では定住性の農民によって農業や牧畜が営まれ、半乾燥地域では広域の牧畜を行なう遊牧民が、冬期には水と牧草に恵まれた高地で、夏季には渓谷の底の水場で過ごす。定住民は遊牧民を怖れるが、なかでもアラビア半島のように砂漠の周辺に定期的に騎乗でやって来て襲う者たち（ラッツィア）は、収穫物や家畜を奪っていくので怖れられた。生産を組織化し（灌漑、収穫物の貯蔵など）、働き手とその成果を守る必要から初期の「国家」が生まれると、それが刺激となってこうした空間を巡る祖先の争いに新たな空間の争いが加わった。

「歴史」上のこうした初期の「国家」は、シュメールの都市国家（前四〇〇〇年紀）の形態において現われた。さらにそこから集合や征服によって王国や帝国が生まれ、古代前期に入るや地域の優越性を求めて争うようになった。エジプト王国、アッシリア帝国、バビロニア王国、ヒッタイト（アナトリア出身）帝国、ミタンニ王国などがその例であるが、他方波状的に押し寄せてくる民族グループには、北方からのフルリ人、東方からのアーリア人やメディア人、アラビア半島からのアムル人、アラメア人、カルデア人、地中海からは「海の民族」ペリシテ人（後にパレスチナ人という名を与えられるこの民族はヘブライ人と融合あるいは同化しようとし、その領土を割譲してもらおうとした）。近東はまた接触点というその位置のゆえに、早熟にも発明と内省を宿した地となった。前三五〇〇年、車輪がメソポタミア南部で発明された。文字もやはりメソポタミアで前三四〇〇年に、エジプトでは前三二〇〇年に生まれた。必然的にアルファベットが生まれ、前一一〇〇年頃フェニキアで改良された。法も覚束ない一歩を踏み出した。その一例としてアルファベットほど古くはないがそれ以上に有名なハムラビ法典（前一七六〇年）がある。宗教の分野では多神教が広がり、前二〇〇〇年前半には近東のいたるところでアッシュール神（この神が名祖となった都市がアッシリアで、それが後のアッシリア地方全体に広まった）のような国民的な神の崇拝の形で一神教が現われた。[*1] 一部の歴史家によればヘブライ人が一神教を採る以前に崇拝したヤハウェ信仰も、おそらく前七世紀になってペルシアのゾロアスターによって宣教されたとされる。

小さな民族大きな運命、ヘブライ人

聖書の記述によればヘブライ人は、彼らの神の約束に元気づけられ、エジプト脱出（前一三〇〇年頃）と『出エジプト記』の逸話の後、約束された大地の征服を企てた。それが「乳と蜂蜜の流れる」カナンの国である。彼らの王ダヴィデは前一〇〇〇年から前九七〇年に君臨し、その息子ソロモンは前九七〇年から前九二八年まで王位に就き、エルサレムをイスラエルの首都と定め、そこに有名な「ソロモンの神殿」を建てて文化の中心とした。これらヘブライ語の聖書に事細かに詳述されている逸話は、現代考古学[*2]の上で確定的どころかむしろ大いに疑問視されているが、このさいその信憑性は問題ではない。問題はユダヤ人のアイデンティティを生み出したこれらの逸話が、ヨルダン川から海までの「大イスラエル」の復権を、聖なる約束の名において合法化せんと願うイスラエル人や離散（ディアスポラ）の民のあいだで、今なお援用されていることである。しかもこれらは、同じ根から生まれた別の二つの一神教、キリスト教とイスラム教によって、ユダヤ人の復権要求に対立するためにも援用されているのである。ユダヤ教第二の聖地とされるヘブロンの「民族の父母の墓」[1]の復権要求についても同様のことがいえるのであり、イスラム教はそれを「イブラヒムの廟所」として、キリスト教は「聖地」の中心としてそれぞれ要求しているのである。

（1）旧約聖書におけるマクペラの洞穴。一九九四年二月二十五日のプリム祭の日にマクペラの洞穴虐殺事件と呼ばれる惨事が起きた。イスラエル人の医師シュテインが、礼拝に来ていた二九名のイスラム教徒の命を奪ったのである。およそ一五年後の二〇一〇年、イスラエル政府はヘブロンの洞穴および、「旧約聖書」に登場するラケルの墓の二か所をユダヤ人の文化遺産として新たに修復する計画を発表した。だが本文にあるように同地がユダヤ教、イスラム教両者の共通の聖地であることからパレスチナ側が激しく反発。イスラエル政府の同計画発表以来、ヨルダン川西岸ではパレスチナ側の暴動が連日続いている。

帝国の時代

近東は絶えざる紛争の舞台となった。紛争の根はネブカドネザルによるエルサレムの奪取、バビロニアにおける神殿の破壊やユダヤ人の「バビロンの幽囚」（前五八八年）、その他いずれもユダヤ人の集団的に記憶されるべきさまざまな重要な要素に通じる。しかしバビロニアがキュロス大王により占領されるやいなや（前五三九年）、近東は地政学上の地位を変えた。近東はもはや土着的な王朝ばかりでなく、周辺の諸帝国にとって標的となり、そうした状況は今日まで続くこととなった。ユダヤ人に対して帰国して神殿を建てることを許したアケメネス朝のペルシア人には、アレクサンドロスの征服戦争（前三三三〜前三三〇年）後のギリシア人、ラゴス〔プトレマイオス〕朝のエジプト人、セレウコス朝の小アジア人が続いて目をつけた。とくに最後の小アジア人には、アレクサンドロスに対したように、ナバテア人がヨルダン川東岸のペトラに隠れて没薬《ミルラ》、乳香など利益の多い商取引を組織して対抗した。とはいえ、以後近東はいたるところでヘレニズム世界に属するようになり、上流人はギリシア語を受け入れた。アレクサンドリアを筆頭に新たに建設された一〇ほどの都市も含めた都市は、その地域をラゴス軍とセレウコス軍との絶えざる闘いの場として利用されながらも、喜び勇んでギリシア文化の発揚に貢献した。弱体化したセレウコス朝は、ユダ・マカバイとその兄弟によって率いられた反乱（前一六八年）後、マカバイ家の子孫ハスモン朝の支配のもとにユダヤ王国の創設を認めなければならなくなった。この国土は最大時にソロモン時代の広さを回復した。この逸話はローマ人の到来まで続いたが、占領軍〔ローマ軍〕に援助されたイドメア族のヘロデがハスモン朝最後の王アンティゴノスを処刑して権力を奪取すると（前三七年）ともに、現代のシオニストが参考とする重要な展望の一つ、すなわちダヴィデとその子ソロモンの王国の構図が確立された。

　ローマ軍は前六四年から六三年にかけて近東の征服を開始し、この地に新たな地平を開いた。ローマ帝国はオリエントの各属州に格別慎重な配慮を示し、パルティアやペルシアからのたび重なる攻撃からそれらを保護し、休閑地制、オリーヴ園とブドウ畑の拡張によって州の生産を増やし、取引範囲を拡大するため道路網を維持し、都市（劇場、浴場、噴水など）を美化することなどに注意を払った。パレスチナにおいてもローマ時代はこうした数々の出来事（ユダヤ人の反乱からキリスト教の誕生に至るまでの出来事）は認められ、それらは同時代人にとっては小さいが、近東の将来にとっては大きな、つまり現代の局地的展望と世界的な展望とを説明する上での大きな事件なのである。

ユダヤ人の反乱

西暦六六年に起こったユダヤ人の大きな反乱は、ウェスパシアヌス皇帝の長男ティトゥスによって鎮圧された。エルサレムは奪われ、神殿は破壊され（七〇年）、叛徒は虐殺を免れたものの奴隷に身分を落とされた。この事件はユダヤ人の記憶に深く刻まれ、その余話、すなわち死海を見下ろすマサダの要塞で籠城の兵士たちが七三年までローマ軍に抵抗し、屈服するよりは自決を選んだ逸話は、死を賭して攻囲戦の勝利を目指した決意の象徴となった。「マサダは二度は降伏しない」という誓いは、現在でもイスラエル機甲隊でこの地に毎年配属される若い新兵たちの合い言葉である。

二度目のユダヤ人の反乱（一三二〜一三五年）は、宗教的弾圧を伴った。エルサレムという名称が廃止され、都市はコロニア・アエリア・カピトリーナ[1]と呼ばれ、割礼を受けた者は滞在を禁じられた。虐殺を免れたパレスチナのユダヤ人は、若干の例外を除いて、近東の他の地域や地中海周辺部に定着した離散民の共同体に戻った。当時これらの共同体の多くは大集団となっていて（ローマ帝国内だけでも七〇、人口で約八〇〇万を数えた）、毎年「来年こそエルサレムへ」という悲願を、定型表現として唱えていた。この念願は二〇〇〇年後の今日でも多くの共同体に根強く残って、あまり敬虔でないシオニストの先駆者たちも彼らの企ての正当性の証明として、この悲願を回復要求の一つとしようとしている。

（1）アエリア・カピトリナ（羅：Aelia Capitolina）は、ローマ皇帝ハドリアヌスの治世に発生したバル・コクバの乱の後、ユダヤの痕跡を一掃する目的でローマ様式に再建された植民市エルサレムの新名称。

HM.

紀元初頭の数十年間パレスチナの政治的風土は混乱に陥ったが、この状態はメシアや預言者を崇拝する諸宗派が林立するユダヤ人社会のなかで広まった宗教的興奮によって培われたのである。

キリスト教

キリスト教はこのような特殊な状況のなかで生まれた。当初この宗教の普及はオリエントや地中海の共同体に限定されていたが、これらの共同体が迫害を受けると、キリスト教はかえってローマ帝国の没落傾向と相まってより一般化していき、信徒に信仰の自由を認めて発令したコンスタンティヌス帝のミラノ勅令後（三一三年）、さらに同教を国教として制度化した大帝テオドシウス一世の決定後（三八〇年）にいっそう発展していった。

新たな信仰の普及の条件とその形態は、長い目でみれば近東の局地とそれ以外の地域の展望の形成に大きく貢献したが、その貢献の様態は次の三つである。

コンスタンティヌス帝とテオドシウス大帝の決定から生じた大規模なキリスト教化に、わずかなユダヤ人だけが抵抗した。そのために二千年も続く無理解の基礎が固まってしまった。

西側諸国にキリスト教が普及したので、改宗したヨーロッパ人にはイエスの生涯やその宣教にゆかりのある地は親しみ深いものとなっていった。したがって近東は西側諸国の世界観にふさわしい「聖地」となった。

ローマやビザンティウム（三二四年にコンスタンティヌス帝が遷都したので、コンスタンティノープルと改名された）が重視されるにつれて、近東の教会とのあいだに権威と神学論の争いが生まれ、それが、今なお近東のキリスト教を特徴づける複雑な宗派のモザイクの原因となった。

アラブの征服とイスラム教

イスラムの進出は、近東における既存の政治と宗教の構造を絶えず逆転させていった。新たな信仰の担い手となったのはアラビア半島出身の戦士たちで、彼らは預言者ムハンマドの存命中の六二九年、カラク（現在のヨルダン）に近いビザンティウム軍に対して勝利を収めた。だがアラブ人に近東への扉が開けたのは預言者が没してから四年後の六三六年、ビザンティン帝国軍がヤルムーク（現在のシリアとヨルダンのあいだを流れる川）の戦いで敗れてからのことで、アラブ軍は六四六年に征服を完了した。

ムハンマドの従弟で同時に娘婿でもある第四代カリフ（イスラム共同体の長）のアリー[1]はそのカリフの地位に異議を申し立てられ、シリアの総督ムアーウィアによって六六一年に暗殺された。この事件は近東にとって二つの重要な結果をもたらした。一つは宗教面でアリー派つまりシーア派の分離が地域の力関係をよりいっそう複雑化させたことである。というのもシーア派は以後ナジャフ[2]やカルバラ[3]といった彼らの聖地を中心にメソポタミア南部の中央に永続的に落ち着き、また近東の他の地域ではとくにレバノン南部に広がったからである。もう一つの政治面での結果としては、ムアーウィアのウマイヤ朝を創建し、ダマスカスを首都としたことによって近東はカリフの地の中心になったことである。それによって現在のシリア、パレスチナ、ヨルダンの地はその中心的機能を誇示するかのように華麗な宮殿やモスクで覆われることとなった。この革命の原動力であるアラビア語は、同時に文化と交流の言語にもなった。

（1）アリー・イブン・アビー・ターリブ、六〇〇頃～六六一年。イスラーム教の第四代正統カリフ〔預言者の代理〕（在位六五六～六六一年）。同教シーア派の初代イマーム〔指導者〕。預言者ムハンマドの父方の従弟で、彼の母もムハンマドの父の従姉妹である。後にムハンマドの養子となり、ムハンマドの娘ファーティマを娶った。ムハンマドがイスラム教の布教を開始したとき、最初に入信したうちの一人。直情の人で人望厚く、武勇に優れていたと言われる。早くからムハンマドの後継者とみなされ、第三代正統カリフのウスマーンが暗殺された後、第四代カリフとなったが、対抗するムアーウィヤとの戦いに追われ、六六一年にハワーリジュ派によって暗殺される。のちにアリーの支持派はシーア派となり、アリーはシーア派によって初代イマームとしてムハンマドに勝るとも劣らない尊崇を受けることとなった。アリーとファーティマの息子ハサンとフサインはそれぞれ第二代、第三代のイマームとされている。また、彼らの子孫はファーティマを通じて預言者の血を引くことから、スンニ派にとってもサイイドとして尊崇されている。アリーの墓廟はイラクのナジャフにあり、カルバラとともにシーア派の重要な聖地となっている。SII, p.27 et ANNEX 2., SD, p.74-75.

（2）ナジャフは、イラク中南部の都市。第四代カリフでシーア派の初代イマームであるアリーの墓廟がある。

（3）カルバラの戦いは、ウマイヤ朝カリフ・ヤズィドの派遣した軍勢とフサイン・イブン・アリーの軍勢との戦いで、ウマイヤ朝軍が完全勝利を収めた。

七五〇年、ウマイヤ朝はムハンマドの叔父の子孫であるアッバースによって倒された。アッバースは帝国の首都をメソポタミアに移す道を選び、七六五年、バグダッドの基礎を築いた。アッバース朝時代、近東に独特な特徴が生まれた。それは、ウマイヤ朝が日和見主義か不信心のゆえに諦めていた国民のイスラム化がこの時代に実現したこと、つまり近東全体がイスラム化したということである。

とはいえ、それでキリスト教徒が一人残らず消えてしまったというわけではない。彼らは集団となって山岳地帯や都市と農村の共同体を隠れ場所として暮らし、庇護民（ズィンミー）すなわち「聖典の民」（キリスト教ユダヤ人やゾロアスター教信徒）でイスラムの地に居住すること、彼らの信仰を実践すること、個人的権利を行使（結婚、相続などを認められた人びと）という資格で、イスラム帝国の各地に点在していた。もっとも彼らはその劣等性を示すような代償として、特別税の支払い、差別を表わす衣服の着用、イスラム教の建物より高い宗教的建築物建設あるいは乗馬の利用の禁止に服さなければならなかった。

ユダヤ人のほうは、近東あるいは他のイスラム教地域でも、より強くイスラム化に抵抗力を発揮した。少数派となって帝国に散ったユダヤ人は、アラビア半島が征服されるや、新たな支配者に恭順を誓った。それゆえ彼らはイスラム権力に対する脅威と受け取られることもなく、まして彼らの改宗が優先すべき収穫とも考えられなかった。ユダヤ人共同体の堅牢な構造とイスラム神学の力強さも、キリスト教より大きな抵抗力として作用した。ズィンミーの資格（これは必ずしも一律に与えられたわけではない）やアラビア語を受け入れたこともあって、ユダヤ人は宮廷生活や商業、科学、芸術などの面で高い地位を占めていった。華やかで持続的なユダヤ・アラブ文化の基礎は、この「黄金時代」につくられた。一方イスラム教は、その起源からして、ユダヤ教徒とは神学的係争関係に陥りやすい宗教である。なぜならばユダヤ教は、コーラン崇拝者のいわば非公認の啓発者だからだ。アラブのみならずイスラム世界全体において、このユダヤ人の二股的な構図が具体化していった。多くの分野でその学識と処世術のゆえに賞賛され、その技能のゆえに求められ、預言者から誘われながら、そのメッセージに耳を傾けようとしなかったゆえに、ユダヤ人は非難されていったのである。

十字軍

十一世紀末、トルコの支配下にあった近東では、かなり大きな出来事が起こった。十字軍の遠征である。何万というヨーロッパ人（アラブ側は彼らを「フランジ」と呼んだ。というのも兵士のなかでフランス人が最も多かったからである）が精神的高揚に突き動かされて、オリエントの戦地に赴いた。彼らの大部分はその地に定住し、一〇九六年八月の第一回十字軍出発から、サン＝ジャン＝ダークル陥落を経て、一二九一年八月のシャトー・ペルラン（ハイファの南地中海沿岸）からの撤退にいたるまで、二〇〇年間そこで戦った。アミン・マアルフがいみじくも力説したように、十字軍がもたらした影響は強烈であったが、オリエントと西側諸国でその影響は大いに異なっていた。[*3]

西側諸国は、多くの領域でより優れたオリエント文明と長期間接触したことから知的刺激を受けた。現地にとどまっている十字軍は、アラビア語を学び、土地の文化、習慣、風俗に関心をもっただけでなく、それらのある部分（たとえば服装など）を実際に採り入れさえした。西側諸国が科学や技術においてオリエントからたくさんの借用を行なったことは、それらの語彙が示すとおりである。十字軍が伝えた多くの逸話は、西側諸国の人びとの集団的記憶のなかに今日まで生き続けるほどの根強いイメージを与えた。華麗で繊細で豊穣のオリエント、多重婚のような特異な風習のオリエントのイメージである。オリエントが旺盛な戦闘精神に満ちていたことは、十字軍の敗北が証言し、オスマン人のヨーロッパにおける戦勝とコンスタンティノープルの陥落（一四五三年）がそれを物語る。

近東からみるとき、十字軍の影響は明らかに違った。こちらの世界は、たとえば年代記作家が進歩として指摘する王権を制限する法などに向かって開かれているとは到底いえず、あらゆる接触や借用を拒んでいた。十字軍に続く数世紀間、長期の経済的不振が続き（といってこの十字軍が停滞の原因だったわけではない）、オリエントは「停止状態」に陥り、その傾向は今なお払拭しきれていない。「オリエントはフランジを蛮族と認め、これに打ち勝ってはみたものの、その後彼らが地上全体の支配を達成したのを恐れると同時に魅了された。……アラブ世界は十字軍の事件を過ぎ去った過去の一エピソードと決めつけることはできない。……アラブ世界の政治的宗教的指導者たちは、絶えずサラディンやエルサレム陥落と奪回を振り返ってみる。一部の公式の演説で指摘されるように、イスラエルは一般の人びとの考えでは、新たな十字軍「国家」と同一視されているのだ」[*4]〔参考 AM, p.453〕。

このように十字軍の心象は、西側諸国によるオリエントの最初の暴力としてアラブ人の集団的記憶のなかに、ついでアラブ世界全体の集団的記憶のなかに沈殿した。この認識は現在のアラブ人とイスラム教徒の表象に再見され、遠征はそれによって象徴される長い侵攻の最初のステップを示すのかもしれない。

聖地で十字軍に勝利をもたらしたマムルーク朝[1]の時代、近東は長期の衰退に入った。都市部の人口は減少し、住民は遊牧生活に回帰し、ベドウィン族による村落や隊商の略奪が横行し、ペストが慢性的に流行した。

(1) アイユーブ朝の後を継いだトルコのスンナ派のイスラム王朝(一二五〇~一五一七年)で、エジプトを中心に、シリア、ヒジャーズまでを支配した。首都はカイロ。SD, p.549.

オスマン朝

一五一六年、近東はオスマン人によって征服され、この帝国が以後数世紀にわたって支配することになった。とはいえオスマン朝にとって戦略的目標は、とくにヨーロッパや地中海にあるわけではなかった。ただしヒジャーズの壁[1]は例外で、このルートはメディナとメッカの聖地に通じ、オスマン人は時折ベドウィンの略奪に対する防衛線として利用した。それゆえ近東は、十六世紀に人口の回復をみた後、わずかとはいえより深く停滞の淵に沈んでいった。

（1）『アラビアのロレンス』で有名なサウジアラビアの紅海寄りの西部山岳地域でヒジャーズは「壁」という意味。II, p.807.

とはいえスルタンすなわち壮麗帝スレイマン一世（在位一五二一～六六年）が下した決断は、この地域の将来により重い結果となってのしかかった。というのもそれは、当時台頭しつつあるヨーロッパ列強諸国の影響を恒常的に受けることになってしまったからだ。たとえば一五三六年、スルタンは我々ならば普通「降伏条約」と呼ぶに近いものによって、かつて一五〇〇年にアレクサンドリアのマムルーク朝を通じてフランス国王の臣下だけに認めた商業上の特権を、帝国のすべての港に与えていった。[1] 一五七九年、同様の特権はイギリスに、一六一二年にはオランダにも与えられた。これらの条約が更改されるたびに、アレッポ、トリポリ、ベイルート、サイダそしてアレクサンドリアに滞在中のヨーロッパ商人に与えられる特権は増加し、関税免除の他、特別な地位も認められた。彼らは条約受恵国の代表である領事の保護下に置かれ、外交特権に近い権利を享受した。フランスの場合、庇護はあらゆるオスマン帝国に居住するラテン語系国民（ローマ教会に属するキリスト教徒）に及んだ。

（1）フランスと同盟を結んだ際に、フランス人に対する領事裁判権や租税免除などの恩恵的な特権を与えた（後にそれはイギリスやオランダにも適用された）。当時は国力差が圧倒的だったため、友好国への恩恵としてのみ機能しており、社会への実害はなかったものの、後にオスマン帝国が衰退するにつれて不平等条約化し、列強の介入要因となって帝国を苦しめることとなった。

ヨーロッパとオスマン帝国との取引きは、このようないわば降伏条約よって発展する一方、両地域のあいだにある経済発展の落差を考慮すれば、これらの条約は近東に対する西側諸国の影響を強調することに貢献したことになる。

かくして最古の時代から現代の黎明にいたるまでに、現在の近東紛争のあらゆる当事者の集団的記憶に永続的に刻まれるようないろいろな出来事が、相次いで起きた。各当事者は現実の近東という舞台に立って、自分自身の行動と見解と立場によってしかじかの逸話を選んで解釈し、過大評価しつつ、要求を正当化しようとしている。しかし目標が生まれ、集団的記憶に新たな要素をもたらしながら、近東に現在の地政学的広がりを与える役者が現われたのは、十九世紀と二十世紀最初の二十年間のことなのである。

III　垂涎の空間――エジプトと一九一四年の戦い

産業革命は一七六〇年代にイギリスに生まれ、十九世紀初頭にフランスに普及し、その運動に不可欠な自然資源や、人的かつ財政的資源が見いだせる大陸（アメリカも含めて）の各地へと、世紀全体を通じて徐々に広がっていった。この革命は、工場生産を刺激して著しく増大させ、受益者に新たな市場の獲得を強いた。そのため産業革命は手近な国から、財政力と軍事力という新たな、そして絶えず増え続ける手段を確保した。しかし、それにはいくつかの社会的・文化的結果が伴った。まず産業革命の作用は西側諸国の革命戦争や帝国戦争の影響と結びついて、ヨーロッパに新たな国制を生み出したり、あるいはそれを強化した。そしてこれらの国々は、真実であれ神話的であれ過去を活用して、新たな地政学的要求を正当化しようとした。さらに国民国家の概念は、新たな経済的力関係に刺激された征服欲にたいしてイデオロギー的な口実を提供した。こうしたさまざまな口実のなかでもヨーロッパの優越性は、当然どの国民国家も他国に擢《ぬき》んでて体現したいところで、我々の論題にとっても格別重要な位置を占める。そういう国の科学、技術、経済の進歩が、他の世界に「文明」をもたらすのは当然なのかもしれない。

その「他の世界」の筆頭がオリエントであった。ヨーロッパの芸術家や文人は長い間そこから啓示を受けてきた。たとえば多くの著述家や画家がものしたエジプト戦役の記述[*5]や、「東方旅行」の記録は、長期間流行し続けながら、つねにオリエントという「不動」のテーマ、たとえば万古不変の風景、文明の一歩を踏み出したばかりの華麗な遺跡などにもとづいていた。しかし時間は止まるだけでなく、退行する。となると「……あらゆる芸術、あらゆる科学、あらゆる宗教が生まれたあのオリエントのなかでもアラブではすべてが、野性状態に逆戻りした人間を思わせる」[*6]。ここでは万人が自分が一体化している共同体の守り手になろうとする。キリスト教の聖地の衛兵も、考古学的遺跡や手稿すなわちジャン・ボッテロ[*7]がいう「我が西洋の遠い起源」なるものを最初に発見した者も、みなそれらを自国の博物館に運ぼうとするのだ。

しかし残念ながら、近東に対するヨーロッパ列強の関心が膨らむのは、もっとありきたりの問題からにちがいない。近東が提供するもっと捉えやすいチャンスとは、降伏条約というシステムによって受益国（主としてフランスとイギリス）が近東の市場ばかりでなく、そこから得られる原材料に接近するための特権を享受できるようになるものであり、それらの原材料とはタバコ、柑橘類、さらにメソポタミアやペルシア湾沿岸で発見された石油など増大する需要に対応するものであった。最後に近東は、スエズ運河の開通（一八六九年）によって強化された、インドや極東への航路のキーポイントを占める。インド帝国とならぶイギリスは、もはやこの方面で唯一の当事国ではなくなった。他のヨーロッパの列強もアジアの植民地にたいして野望を抱いているからである。あらゆる大国が共通の野望（近東における役割）をもっているとしても、彼らにそれらのすべてを実現させる能力があるわけではない。

イギリス

第一級の商工業大国であるイギリスは、卓越した海軍力をもって海の覇者となった。イギリスは戦略上重要な航路を系統的に抑えていき、ジブラルタルは一七〇四年以降占領下におかれ、マルタ島は一八一四年にイギリス領となり、キプロスは一八七八年、聖門〔オスマン帝国政府〕よりイギリスに譲渡された。

スエズ運河の開通に関しては、イギリスは当初その開削に反対した。すでに力強く進出したフランスが運河開発の発起国となって企画し、財政を負担するのをみて、イギリスのインドに通じるルートが抑えられるのを恐れたからである。やむなくイギリスは方針を変更し、スエズ運河株式会社の資本の半分をフランスから取得し（一八七五年）、一八三九年より腰を据えていたアデンを手始めに、ソマリア（一八八七年）など紅海の出口と、アラビア－ペルシア湾（イギリスは一八九九年クウェートを保護領とし、一九一三年当時オスマン帝国に属していたにもかかわらず、多大の沿岸部が得られる地域にその国境線を敷いた）に進出し、さらに一八八二年より軍事的に占領していたエジプトに支配圏を広げた。

フランス

第二の大国フランスは、海上でイギリスと対抗できないとはいえ何枚かの切り札をもっており、一九〇四年の英仏協商にいたるまで、イギリスをさしおいて、オスマン帝国や近東における無視し得ない存在となった。フランスの銀行は国内の豊富な蓄えのもとに国債を優先的に扱い、オスマン帝国をはじめとする近東諸国を強制的に取引相手とした。とくにオスマン帝国の財政状況は著しく悪化し、一八六三年英仏の資本を元手に発足したオスマン銀行は、一八八一年に早くも外国の定款をもつ国立銀行となった。

フランスの地中海政策は、地中海周縁の主要大国のそれと似ているばかりでなく、一八三〇年に始まったアルジェリア征服、ついでチュニジア（一八八三年）とモロッコ（一九一二年）における保護領の創設と同時に始まった。近東からブラックアフリカや極東まで及ぶこの植民地政策によって、フランスは、近東の舞台の注意深い観客であると同時に、イギリスとの軍事力の比率からみて可能な場合にはつねに、影響力のある立役者となっていった。

フランスは、近東において、自らとっておきの札を切る術を知っていた。「レヴァントの階段[1]〔貿易港〕」として古くから知られた近東諸港の便益を活用して、フランスは多大の利益を得てきた。レバノンのマロン派を始め余すところなく広がったキリスト教世界にたいしても、フランスは用心深く保護権を適用することによって信頼を勝ち得ていた。クリミア戦争が終わった一八五六年、フランスはオスマン帝国のスルタンから帝国内の非イスラム教徒を全面的に解放し、レバノンのキリスト教徒を救済する許可を得た。一八六〇年の虐殺後[2]、早速フランスは、関係住民の信頼がいかに正当であるかを証明するため、「人道と正義の法の支配を確立」させようとした。同時にそれは「信頼」のお株を奪おうとしている人びと（ギリシア正教に与するロシア人、プロテスタンティズムを根付かせようとするイギリス人とドイツ人）にたいして、フランスの決意を示すためでもあった。

（1）オスマン帝国の海港都市は、近東、北アフリカにまたがって点在し、「レヴァントの階段」と呼ばれた。トルコ帝国の支配力が弱まるにつれて外国、とくにフランスのフランソワ一世と、壮麗帝スレイマン一世とのあいだで結ばれた初期の条約（一五三六）、をなどを通じてこの「階段」は、さまざまにフランス側に有利に作用した。

（2）一八六〇年六月、ディル・エル・カマールの虐殺が起きた。一八五八年に始まったマロン教徒農民層による武装蜂起と彼らの行動を危惧したドゥルーズのキリスト教徒殺害の帰結であるこの事件は、結果的に一万一千人のキリスト教徒が殺される惨事となった。この事件により、欧州の世論は即時介入に踏み切ろうとしたが、オスマン帝国政府は、介入の口実を与えなかった。しかし、ナポレオン三世が一八四八年に実権を握っていたフランスはこれ以後、レヴァントへの関心を高めていくことになった。

この決意は、フランスが最高の切り札、すなわち近東の指導者階級から知的黙契を得たことによっていっそう断固たるものになった。フランスのカトリック使節、フランス人の学芸の庇護者、外交官、そして彼らが発展させた教育・医療機関などに、アリアンス・イスラエリット・ユニヴェルセルが加わった。これは、「オリエントの」ユダヤ人にフランス語で理性の光をもたらすための組織として、一八六〇年、パリに創設された「世界ユダヤ教連盟」である。これらはいずれもフランス語を、地域の政治や経済のエリートや知識人たちの模範言語あるいは共通言語とし、フランス文化を、フランスの哲学者や作家の作品を通じてユダヤ人の啓示の源泉としようとしていた。

他のヨーロッパ諸国

英仏二大国が展開する駆引きにそれ以外のヨーロッパ諸国が介入するようになると、近東の舞台は完全に国際化した。だがこうした国々すべてが、新規参入国というわけではない。たとえば自由な海上への接近に絶えず関心を抱き続けてきたロシアは、ダーダネルス、ボスフォラス両海峡の支配を切望していた。のみならずロシアは、オスマン帝国が徐々に捨てざるを得なくなった正教のバルカン半島における戦略的地点の取得を狙った。聖地を巡る紛争がある近東は、そういうロシアにとって好都合な機会を提供してくれるものでなければならなかった。そのためにはロシアは、全ギリシア正教会の庇護者として登場しなければならなかった。一八五三年、ロシアはこの紛争を蒸し返し、クリミア戦争を起こしたが、勝ったのは英仏同盟であった。パリ条約調印（一八五六年）後、ロシアは野望の触手を中央アジアに向けた。今度は対オスマン帝国戦で勝利を収めたのち、サン・ステファノ条約（一八七八年）を結んで譲歩を得たが、これにはヨーロッパの列強が不安を感じ、同年開かれたベルリンの会議で、条約は緩和されることとなった。

一八七〇年以降のドイツの近東に対する関心は、飛躍的に成長したドイツ製品の販路の追究と、宰相ビューロウのいう「陽の当たる場所」を確保しようとする意志とに結ばれて高まった。販路をもたらすような植民地圏建設の努力を英仏によって阻まれながらも、ドイツは、オスマン帝国には捉えるべきチャンスがある、近東にはヨーロッパの仇敵イギリスとフランス、そしてロシアに立ち向かうべき地政学的地歩がある、と睨んでいた。一九〇三年、「東方への衝動（ドランク・ナッハ・オステン）[1]」を合い言葉に、ドイツはバグダッド・バーンと呼ばれる、イギリスのインド支配を直接脅かすべき鉄道建設に乗り出した。さらにドイツは、イギリスによる中東の石油の独占を妨げるために「トルコ石油会社」の設立に加わった。最後にドイツは聖地の威光をなかなか巧みに扱った。国王ヴィルヘルム二世はパレスチナに赴き、エルサレムで華々しい歓迎を受け（一八九八年）、ドイツもまたパレスチナに教会、病院、教育機関を設立し、研究センターを設置した。

（1）ドイツ語 Drang nach Osten とは、スラヴ人たちが住む地域にドイツの勢力を拡大するという十九世紀につくられた用語。

イタリアの帝国主義的野望は、その国の経済規模を考慮してもっと限定的だったが、地中海に直接触れる部分では一九一一年のトリポリタニア、一九一二年のキュレナイカの征服、東アフリカではエリトリア（一八九〇年）、ソマリア（一九〇五年）の征服にみられるように現実的だった。おそらくイタリアも近東で言い分を通し、エルサレムに登場せざるを得なくなったのである。

ヨーロッパの瀕死の病人[*8]

十九世紀を通じて、オスマン帝国は緩慢な苦悩と手が切れない状況にあったが、それだけに各国の欲望の刃先は鋭く研ぎ澄まされていった。慢性的な財政的苦境に衰弱し、「ヨーロッパの瀕死の病人」と呼ばれたオスマン帝国は、バルカン諸地方のナショナリズムと、ムハンマド・アリーの治めるエジプトの覚醒に直面しつつ、その一方でヨーロッパ列強が加える圧力と軍事的介入、さらにはさまざまな条約に屈しながら懸命に改革を試みていた。しかし改革は失敗し、その結果、一八七八年にスルタンは汎イスラム主義から生まれた新たな政治路線、すなわち「絶対権力」に回帰することとなった。一九〇八年の青年トルコ党の革命は、当初とくに近東の人びとから熱烈に歓迎されたが、急速に彼らを幻滅させた。革命派は外国の支持を求め、ドイツの支持を選び、一九一四年十月三十一日、ドイツ側について戦うこととなった。オスマン帝国の運命は、近東のそれとともに封印されてしまった。近東はシオニズム、イスラム主義、アラビア主義といった新たな勢力に影響された。その背景には西洋的近代化の主唱者と伝統的なクルアーンの支持者と、両派の総合を求める人びとの三つ巴の議論と論争があった。[*9]

シオニズム[1]

第二神殿の破壊以来、[2]パレスチナにユダヤ人が存在し続けたことは実証されている。とはいえ十九世紀中葉においてその数はわずか数千人（一八六九年、アリアンス・イスラエリット・ユニヴェルセル創立者の一人シャルル・ネッテルは一万三千人と推定している。一八八二年には当時パレスチナの推定人口四七万人から推して二万四千人のユダヤ人がいたと考えられる）だが、その大半は貧しく、ヨーロッパのユダヤ教徒からの援助で生計を立て、エルサレムで暮らしていた。一八八〇年から九〇年にかけて新たなユダヤ人がパレスチナにやって来た。いわゆる「アリーヤー」（ヘブライ語で「上る」という意味）[3]の名で呼ばれる最初のユダヤ人移民で、一八八一年三月のロシア皇帝暗殺事件後に嫌疑をかけられて起こった虐殺《ポグロム》を逃れ、シオニズムの前身たる「シオンの友」を通してパレスチナにやって来た。

そこで彼らは、オスマン帝国政府の反対にもかかわらずユダヤ人の農業入植地（一八六九年ヤッファの広大な領地に建設された農業学校ミクヴェー・イスラエル[4]はその一例）に財政援助を行なっているエドモンド・ロスチャイルドの支援を見いだした。

（1）この言葉の起源、ロシアにおける展開については JJ, p. 478.

（2）第二神殿とは、紀元前五一六年から紀元後七〇年までエルサレムの神殿の丘に建っていたユダヤ人の重要な神殿（エルサレム神殿）である。それは紀元前五八六年のバビロン捕囚の際に破壊されたソロモンの第一神殿に代わって建設された。

（3）アリーヤーはシオニズム思想の根本的な教義である。反対に、ユダヤ人がイスラエルから移民することはイェリダー（ヘブライ語「下る」の意）。
（4）「ミクヴェー」は希望の意。

まもなくシオニズム政策と第二次アリーヤー（一九〇四〜一四年）が、こうした初期の企てをさらに活気づけた。テオドール・ヘルツル（一八六〇〜一九〇四年）は類い稀な信念の力に動かされ、シオニズムの旗の下にユダヤ人共同体を結集させ、列強の注意を引きつけるために、今まで欠けていたもの、すなわち発展的な政治的手段をもたらした。『ユダヤ人国家』（一八九六年）を刊行したヘルツルは、第一回シオニスト会議を開くことに成功し（バーゼル、一八九七年八月）、国際的な反響を呼んだ。彼はその日記で「ついにユダヤ人国家を創建した」といい、さまざまなシオニズムの潮流に「シオニストの組織」をそれらの永続的骨組みとして与える（第一回シオニスト会議はシオニストの「議会」そのものとなり、自ら「執行機関」を選出した）ばかりでなく、パレスチナにおけるユダヤ人の定住の奨励を目的とした組織をつくることを考えた。これらのことは、後にたびたび催される「会議」で現実化されていった。一八九九年、ユダヤ人植民地の「銀行」が発足した。なかでも一九〇一年につくられたユダヤ人国民基金（KKL）[1]は、一九〇一年に創設された。この基金は第二次アリーヤーが生まれたとき、大いに役立った。というのもロシア帝国内で反ユダヤの迫害運動が再燃したとき、第一次アリーヤーと違って、第二次アリーヤーはロシアの革命的な世界に出入りし、社会主義や「混じり気のない」シオニズムの理想を提唱する若者たち（たとえばダヴィド・グリュン、後のダヴィド・ベン＝グリオン）によって構成されていたからである。一九〇八年につくられたシオニストの執行機関とKKLを足場として、彼らは最初の集団的農業開発（キブツの生みの親）、協同組合的村落モシャヴを創設し、アラブ人の労働力を活用するユダヤ人自営農に「ヘブライ労働[2]」を求め、政党を立ち上げ、義勇軍「ハショメール」を編成し、ユダヤ人コロニーを防衛しようとした。北部のヤッファにならんで「無から《エクス・ニヒロ》」のテルアビブの建設が、一九〇九年に始まった。そしてまさしくパレスチナへのユダヤ人入植の扉となったこのヤッファで、その前年、経済競争と文化的無理解がもとでアラブ人とユダヤ人との衝突が起こり、農村地帯で頻発したのである。

（1）ユダヤ国民基金 Keren Kayemeth Le-Israel の略で、とくに森林を生み出すこと、そのための植樹推進を活動の中心とする組織。一九〇一年創設。

（2）シオニズムの基礎には民族的・社会主義的シオニズムと呼ぶべきが原理的運動があり。その目的は「労働の征服」すなわち集団的あるいは個人的プロレタリア化である。これはパレスチナのユダヤ人地域で働くアラブ人労働者を、すべてユダヤ人で置き換えることを目的とした運動であり、第一次世界大戦前後、そうした排他的なユダヤ人雇傭から「ヘブライ労働」という言葉が生まれた。

一方アラブ・ナショナリズムは、青年トルコ党の革命が広まるまでは限られた党派にしか影響を及ぼさず、こうした事件にマロン派のネギブ・アズリがいち早く切り開いてきたテーマにもとづいて、新たな自己主張の動機を見いだした。アズリはモーリス・バレスの反ユダヤ主義の影響を受け、その名著『アジアのトルコにおけるアラブ民族の覚醒』（パリ、一九〇五年）の序文においてこう書いている。「これまで誰の注意も引かなかった、そして同じ性格だが対立的な二つの現象が、いまやアジアのトルコに出現している。すなわち古代ユダヤ王国を途方もなく大きな規模で再現しようとするユダヤ人の努力と、それ気づいたアラブ人の覚醒である。この二つの運動は、互いに相手に勝利を収めるまで不断に戦うべく運命づけられている。この二民族の闘争の最終的な結果次第に、全世界の運命はかかっているのである。いずれにせよ地中海におけるヨーロッパの利益は揺れ動く。なぜならば三つの大陸が出会うこの地域は、さまざまな時代を通じて世界の運命の流れを逆流させるような政治的あるいは宗教的出来事が展開してきた舞台だったからだ」。たしかにこのような反応は、西洋的な思想の影響と、（部分的にはそれらの思想の反動としての）近東ならびにイスラム世界全体における「近代性」に直面したイスラム教ならびにアラビア主義に関する省察の発展とを同時に象徴しているのだ。

イスラム主義(1)

一八八四年、アフガーニーとその弟子ムハンマド・アブドゥは「イスラム法の適用によってのみ、我々は古代の力を取り戻し、かつ外国人によるイスラム国の蹂躙に抵抗することができる」[*11]という原則を陳述した。イスラム主義運動は今日にいたるまで、この思想的方針を守り続けている。西側諸国との対決において、イスラム世界は相手の文化を模範とせず、ひたすらイスラム教創建時代の原理に執着してきた。

（1）仏語 Islamisme。日本では、「イスラム原理主義」という用語は、英語の Islamic fundamentalism の和訳としてジャーナリズムなどで使われて広まったものであり、今日一般には「イスラム原理主義」という用語法は無批判に受容されている。しかし、今日一般に原理主義と翻訳される英語のfundamentalismは、もともと「根本主義」と翻訳されるキリスト教の神学用語で、それが一部の保守的キリスト教徒を嘲弄する意図の込められたレッテルとして使われるようになったという経緯がある。したがってファンダメンタリズムの語は本来キリスト教に由来するものであり、これをイスラムに結びつけることの是非に関しては議論がある。こうしたことからイスラム研究の専門家のあいだでは、イスラム原理主義の代わりに、イスラム主義、イスラム復興主義、イスラム急進主義といった用語が使われる。欧米では政治的イスラムとも呼ばれる。

アラブ主義

十九世紀末にイスラム主義からアラブ主義への一種の傾斜が生まれた。その根底にはイスラム教の創建時の価値観がアラブ人によって担われ続け、しかもアラブ人はイスラム世界で自らに帰着した特権的役割を果たすことによって、初めて自己のアイデンティティを確認してきた、という事情がある。二十世紀にアラブのナショナリズムは、たとえその最も世俗的様相においていかなる形態を採ろうとも、その宗教的規範が捨てられることはなかった。サダム・フセイン時代のイラクで観察されるように、この規範はとくに彼が苦境に陥った時期に権力によって活用された。

Ⅳ　四分五裂の空間――一九一四年から四八年まで

イギリス人は、メッカの守り手《シャリフ》フサイン(1)にアラブ人の大国家をつくり、彼をその首長とするという見通しをちらつかせながら、レヴァントとエルサレムの運命に関して優柔不断の態度をとり続けていた。しかしフランスとの同盟関係を結んだ手前もあって、彼らは〔第一次世界大戦に〕勝利した場合の、近東における英仏の役割分担について、フランス側と交渉せざるを得なくなった。その結果、結ばれたのがサイクス＝ピコ協定（一九一六年）である。ロシアによって承認されたこの協定は、アラブの独立国家あるいは連邦制国家を創設し、フランスが北部と西部（レバノンとシリア）、イギリスが南部と東部（ヨルダン川東岸とメソポタミア）に保護権を行使することを取り決めていた。ヨルダンと地中海のあいだのパレスチナは、ほどなくヒジャーズ王となったメッカのシャリフの代表や、ロシアとそれ以外の国々との同意の下にしかるべき国際的統治の範囲に置かれることとされた。一九一七年には、近東におけるイギリス軍の勝利（三月にバグダッド、十二月にはエルサレムをそれぞれ占領）を背景に、結果次第で近東が世界中の関心の的となっていくような二つの注目すべき事件があった。

(1) フサイン・イブン・アリー。メッカのシャリフ（在位、一九〇八～一六年）でオスマン帝国からのアラブ独立運動の指導者。のちヒジャーズ王国の国王（在位一九一六～二四年）。現在のヨルダン王家の直接の祖である。ヨルダンで発行されている一ディナール紙幣に肖像が使用されている。

その一つは、アメリカの参戦を大統領ウィルソンが、一四か条の原則[*12]を今後の国際政治の礎とすることによって、正当化したことである。これによって、イギリスとフランスはその帝国主義的目的を捨てざるを得なくなり、また一部のアラブ諸国は、アメリカを英仏の影響力に対する対抗手段と考えるようになった。近東という地政学的舞台に新たな役者が誕生し、その役割は一九四五年まで慎ましやかではあるが徐々に重みを増していったのである。

もう一つは、イギリス外相のバルフォア卿が、英国シオニズム連盟の代表ロスチャイルド卿に宛てて書簡を送ったことである。このいわゆる「バルフォア宣言」(一九一七年十一月二日付)は、「イギリス国王陛下の政府はユダヤ人の祖国パレスチナにおける安定化を望ましく考え、その目標達成のためにあらゆる努力を払うであろう」といい、ただし「非ユダヤ人の諸権利を尊重するように」と付言した。イギリスのシオニズムの実力が功を奏したことを証明する宣言である。とくにハイム・ワイツマン(1)に率いられるシオニズムは、イギリス当局に働きかけ、アメリカやロシアのユダヤ人団体はそれぞれの政府に甚大な影響力をもっているので、政府の支援を通じて連合の大義の下にシオニズム運動と合流させるよう説得した。イギリス人のなかでも「千年王国」を奉じるプロテスタントは、ユダヤ人の聖地への回帰に一も二もなく賛成したが、といってその真意がパレスチナの国際化を避けること、またユダヤ国民発祥の地の保護者という資格でスエズ運河からフランスを遠ざけることと無関係ではなかった。いずれにせよこの宣言が、シオニストの意図にお墨付きを与えた(フランスの承認の上で)という意味で、近東にとって決定的に意味をもつこととなった。

（1）ハイム・アズリエル・ワイツマン、一八七四〜一九五二年。イスラエルの政治家、化学者。シオニスト運動の指導者で、初代イスラエル大統領。

連合国が勝利し、ヴェルサイユ会議が開催されると、メッカのシャリフの子息ファイサルが抱いた「大アラブ国」の期待はたちまち裏切られた。アラブの分割とアメリカの和平会議からの撤退によって、イギリスとフランスは、両国が占領している近東（イギリス軍はイラクとパレスチナ、フランス軍はシリア）を、それぞれの国とその保護国の利益に従って自由気ままにできるようになった（もっとも両国は、そこにヴェルサイユ条約に含まれ委任統治制の確立を目指した国際連盟の規約第二十二条が命ずる形式を付与はしていたが）。

サン・レモ会議（一九二〇年四月）において、イギリスとフランスはそれぞれ近東の委任統治領を代表したが、両国の議論をみると、真の目的は石油と、バルフォア宣言が提起したパレスチナ問題であることが明らかである。実際、近東における両大国の対立で従来の眼目だったものに関しては、何の問題もなく相互理解が成立した。たとえばレバノンと北シリア（現在のシリア）はフランスに属し、残る南と東〔の歴史的シリア〕すなわちインドへの通行（海路、陸路、後には空路も含めて）を抑えることが可能な部分はイギリスに属することとなった。石油問題もさしたる障害がなく解決された。フランスはイラクの石油の獲得と、それまでのモースル州に関する要求とを交換し、一九二四年にトルコ石油会社の持ち株の二三・七五パーセントをもってフランス石油会社（トタル・グループの前身）を創立した。地中海沿岸に石油を運ぶべきパイプラインが建設されるとき、古い対立が再び現われたが、妥協点が見いだされた。パイプをイラクの西で二つに分け、一本はイギリスの統治下にあるハイファへ、もう一本はフランスが抑えているトリポリへ向かわせたのである。

（1）モースル州（ヴィライェト）。オスマン帝国の地方行政区画はヴィライェト（州）、サンジャク（県）、カザー（郡）に分かれていた。

難題はパレスチナだ。本来フランスは法令上の権利を保持したかったのかもしれない。しかしパレスチナにユダヤ人国家誕生の実現という目前の脅威に不安を覚えたアラブ人にたいして、その理解者として振る舞いつつ結局フランスは妥協した。イギリスは全面的にパレスチナの委任統治権を獲得した。

残るは国境によって細分化された近東という既成事実を、いかに地元住民に納得させるかという問題だ。この事実は英仏間の激しい駆引きの産物であり、クルド人のような大きな共同体に満足を与えるには至っていないのだ。この問題では外交と手荒な手法が用いられた。とくにこの手法は、一九一九年エジプトでイギリスによって使われたもので、イギリス軍はさらに一九二〇年五月にイラクで始まり一九二一年四月にようやくおさまった反乱（死者一万人）を抑えるために、またシリアのフランス軍は短命なアラブ王国を滅ぼし、ファイサルを権力の座から追放するために（一九二〇年七月、ダマスカスの占領）それぞれ同じ手法を利用した。

イギリスが選んだ外交手段はハーシム家すなわちスンニ派の王朝を支持することであった。イギリスはダマスカスから遠ざけられたファイサルにイラク王の座を提案し、カイロ会議（一九二一年三月）でその決定が下されると、今度は「歴史的な」パレスチナからヨルダン東の領土を切り離し、そこにシリア南部を加え、ファイサルの兄で約束されたイラク王の座を奪われたアブドゥッラーにその王位を提供した。エジプトでは、イギリスの提案は部分的にしか成功しなかった。一九二二年二月に結ばれた協定では、エジプトの独立はイギリスに有利な多くの保障と引き替えだったので、大部分の国民の反感を買った。

フランスの外交手段は伝統の上に築かれている。すなわちレヴァントのキリスト教徒を絶えず支援しながら、その一方でフランスはアラブ・スンニ派のナショナリズムが北アフリカの植民地に広がるのを心配していた。

大レバノン国

以上の次第で、フランスはレバノンのキリスト教徒にその悲願たる「大レバノン国」を与え、彼らを満足させた。しかしこの決定は、少数派のイスラム教徒の大部分を併呑したため（一九二一年、人口全体の四五パーセント、しかも彼らのなかでも「大シリア」を奉じるスンニ派のほうが多数派だった）、のちに共同体間の不一致の原因となる人口変動と、スンニ派の多い農村地方から沿岸諸都市への大移動とが重なって、当初の脆い均衡が逆転したとき、紛争に発展する崩芽をそれは内包していた。残る大シリアの部分では、フランス軍が多数派のスンニ派住民ばかりか南部のドルーズ派や北部のアラウィー派住民の敵対行為に出会い、「大反乱」（一九二五〜二六年）が勃発する寸前の状態にあった。実際文字通り民衆の蜂起であるこの「大反乱」が起こったときの反響は大きく、アラブ世界全土に轟いた。各地のモスクに支えられ、鼓舞されて、運動はイスラム主義色の濃いアラブ・ナショナリズムを強化し、それらの原理はパレスチナにおける状況の変化のなかで、いっそう過激化する要因を見いだしていった。

パレスチナの危機

バルフォア宣言が近東に知れ渡ると、それが刺激となってアラブ社会は不安に陥り、くわえて宣言に応じてパレスチナにおける新たな移民が加わったので、いっそう不安は高まった。抗議活動はエルサレムでは一九二〇年四月、ヤッファでは一九二一年五月に起こり、たちまちアラブ人とユダヤ人の激烈な抗争に堕した。武力衝突のサイクルの萌しはヘブロンを揺るがし、一九二九年には再度エルサレムを襲った（「嘆きの壁」の暴動）。さらに一九三六年以後は、ヨーロッパからはナチスや連合軍国の反ユダヤ主義的迫害に追われた膨大なユダヤ人が絶え間なく到着し、アラブ革命の前兆を思わせた。

敵味方として相まみえるまでは知らなかった二つの共同体に直面して、イギリス人はさまざまな煮え切らない保証（一九二一年にはユダヤ人の移民制限、一九二四年には第四回アリーヤーの開始）を与え続け、最も深刻な武力衝突事件の後でさえ、パレスチナ情勢安定化の手段を提案するべき「委員会」という擬制によって時間稼ぎに終始した。あれこれ提案を重ねて、結局イギリスはパレスチナ委任統治領をユダヤ人国家とアラブ人国家の二つに分割し、後者をヨルダン川東岸で統一するという「ピール提案」[1]を推奨した。シオニストたちはためらいつつも、この案をより広大なユダヤ人国家への第一段階として受け入れた。しかしアラブ人はこれを拒否し、アラブ諸国の全面的な支持を得た。これらの国々

パレスチナ委任統治領分割 1947 〜 2000 年

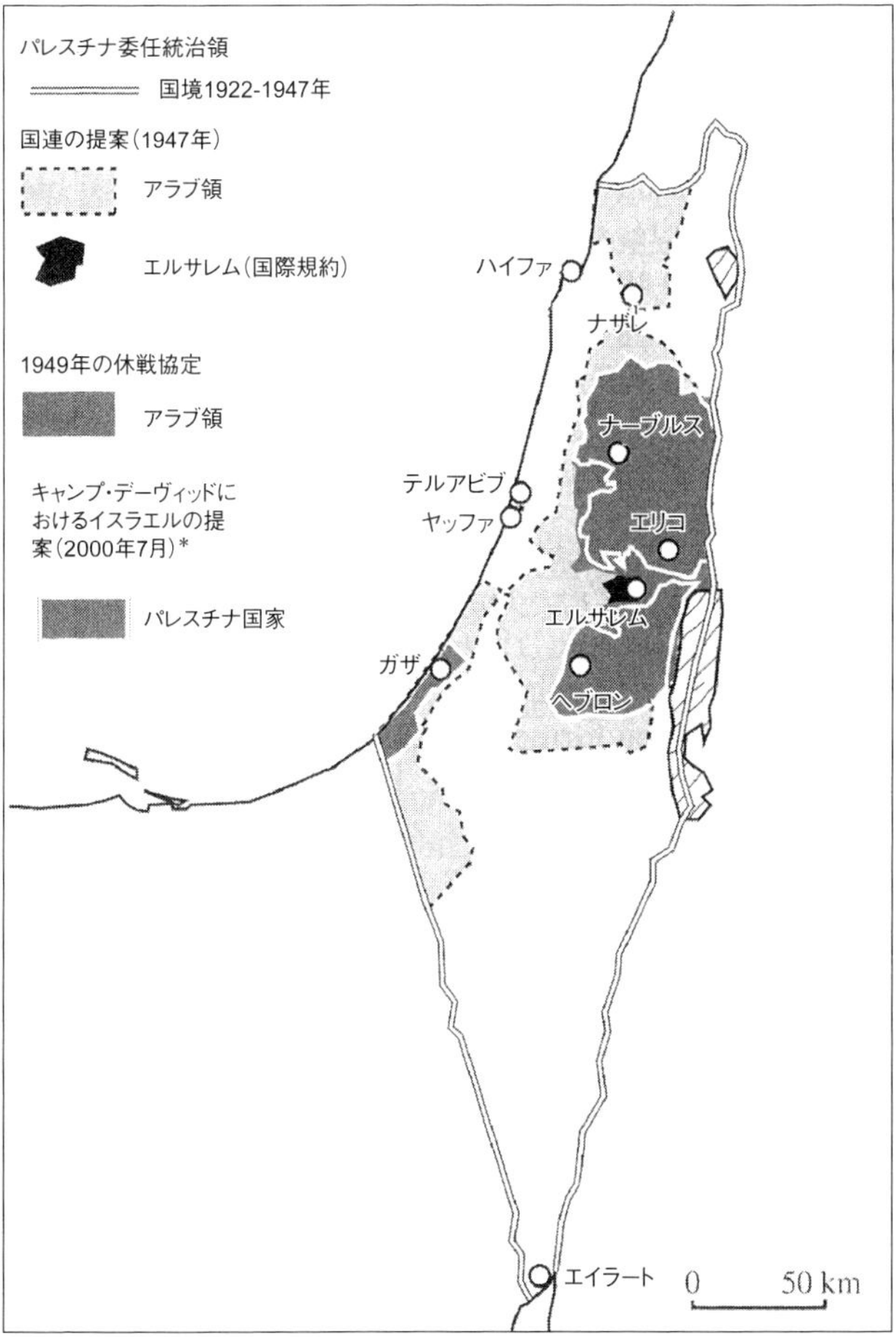

資料　A. ドゥフェ／S. ヴリュ（ENS）作成、2003 年

*　« La Paix en miettes », p. 374, source *Le Monde*, 28 decembre 2000

は、パレスチナはパレスチナ人だけのものではなく、アラブ人全体のものだと異口同音に言った(この論拠は現在も変わらず使われている)。このように頑なに拒絶されたイギリス政府は、さらにパレスチナ全土でアラブ人の文字通りの武装蜂起に直面しながら、一部ユダヤ人の軍隊式の盲目的反撃を抑えることもできず、ロンドン会議(一九三九年二月)で意見をまとめることに失敗したのち、「白書」(一九三九年五月)を発表した。イギリスは二重国家案に立ち返り、さしあたりシオニストの土地買収を凍結させ、パレスチナへのユダヤ人移民を強引に制限した。シオニストもアラブ人と同様、この「白書」に反対したのである。

(1)パレスチナの帰属を巡って、一九三六年にアラブ側が行なった大規模なゼネストをきっかけとして組織された、イギリスの調査委員会(Peel Commission。委員長はピール卿)は、一九三七年七月に調査結果を発表した。彼はパレスチナの委任統治は実行不能で、イギリスのアラブとユダヤ人に対する責任は互いに両立しないことを述べ、パレスチナをユダヤ人国家、ヨルダン川東岸を含めたアラブ人国家、イギリス統治地域に三分割するプランを勧告した。

列強の失敗

委任統治受任国の失敗はパレスチナ問題に限らなかった。イギリスが一九三二年にイラクに認めた独立も、同じく独立を予示してフランスとシリアのあいだで結ばれた一九三六年の条約も、両国の責任を除外するものではなかった。近東諸国の分割においては、戦略的あるいは経済的利益ばかりが考慮されていたので、新たに誕生した少数民族の国家ばかりでなく、アラブ人全体のあいだにフラストレーションが生まれ、このフラストレーションが、産業革命前の社会と、経済的、社会的、文化的近代性との接触から生じたいわば外傷の痛みに追い打ちをかけた。さらに人口爆発、農村の人口流出、制御不可能とはいわないまでも困難な経済的変動、伝統的階級制度の見直しなどが相まって政治的不安定を助長した。一九三六年にイラクで最初のクーデタが起こり、後に長期にわたって続発することとなった。アラブ・ナショナリズムのイデオローグたちや、ウンマ全体のナショナリズムの拡大形たるイスラム主義信奉者たちの共鳴は大きかった。イスラム主義者のなかには一九二八年にエジプトに出現し、反シオニズムを闘争の核として「善を推進し悪を禁ずる」、換言すれば「イスラム社会の西洋化を禁じ」ようとする「ムスリム同胞団」が、ますます信頼を獲得していた。委任統治受任国の列強側からみれば、彼らが完成した教育事業によって怨嗟が著しく高まったのは、歴史の皮肉というほかはない。アラブ人のなかには反シオニズム運動の指導者で偉大なムフティ〔イスラム法の権威〕たるハーッジ・ムハンマド・アミーン・アル＝フサイニーのように枢軸国側と妥協する者も出るほどだった（なかにはアメリカ側に方向転換した者もいた）。こうした妥協の選択は、（フサイニーは一九四一年末にドイツに滞在し、ヒトラーと三度会っている）大量殺戮の驚くべき発見という状況において、多くの西洋人のアラブ世界に対する偏見を強めた。

近東における委任統治受任国側に対する信用失墜は全面的で（シオニストばかりでなくアラブ人に対する信用も含めるという意味で）、とくにフランスでは一九四〇年の敗戦とそれに続くヴィシー派と自由フランス派との委任統治権行使を巡る対立によって失墜の影響は深刻だったが、それに対応してアメリカの介入度は増していった。アメリカはすでにアラビア半島にしっかりと根を張り、ヒジャーズを征服して（一九二五年末）サウジアラビア王国をつくった（一九三二年）イブン・サウドと密接な関係を保っていた。一九三三年以降、アメリカの石油会社ソカル（SOCAL、Standard Oil of California）は同地で、世界で最も有望な利権を取得した。くわえて一九三九年の「白書」刊行以来、アメリカ世論の支持を勝ち取ったと信じたシオニストの運動は、アメリカというカードを徹底的に利用した。アメリカもまたそれを考慮せざるを得なくなった。最後に、一九四一年に世界的規模となった戦争で、近東はソ連の糧秣補給と連合軍の食糧供給で重大な役割を負ったが、ドイツ軍がスターリングラードの閂《かんぬき》が破られた後コーカサスを越えてこの補給路を断ち切ろうとしたので、近東は決定的に重要な地点となった。このときアメリカは、近東地域とその周辺（すなわち北アフリカからアフガニスタンまでの中東地域）を抑えることが自国の利益の浮沈にかかわる重大事だと確信したが、その確信は今もって変わることがない。

大量殺戮

連合国側の勝利には、世界中の世論の力による絶滅収容所の発見が伴った。その殺戮の規模と生存者のたどった苛酷な運命に人びとは驚きと恐れを覚え、ユダヤ人が安心して暮らすには、彼らに彼ら自身の国を与え、それによってシオニストの主張に悲劇的なまでに生々しい意味と保証を与えようと考えるようになった。生存者の一部をパレスチナにたどり着かせまいとしたイギリスの企ては（その最も有名なのはエクソダス号事件)、逆に彼らの存念を高める一方だった。アラブ人は一つの不当に別の不当を重ねても解決にはならないと懸命に力説したが、それを通そうとすれば、かえって彼らはパレスチナを失うことになりかねなかったろう。それほどに戦後の西側諸国の状況では、彼らの意見は通じがたくなっていた。

パレスチナの状況はイギリスの手に負えなくなっていた。戦争の労苦で疲弊しきった彼らは、もはや委任統治のために多額の費用をかけられなかった。ユダヤ人過激派グループのテロに激しく攻め立てられ(一九四六年七月、エルサレムのイギリス軍司令部キング・ダヴィデ・ホテルにおけるメナヘム・ベギンの武装組織イルグンによる犯行は、九二名の死者を出した)、ユダヤとアラブの双方から非難を浴びたイギリスは、一九四七年二月に声明を出し、パレスチナ委任統治領の将来の方向の決定を、一九四五年に創設された国連に任せることを明らかにした。このときすでにパレスチナの人口は著しく増加していた。なぜならば押し寄せてくるユダヤ人移民の波に呼応して、アラブ人の人口の自然増は世界で最も高い増勢で伸び続けたからで、当時アラブ人はユダヤ人五三万人に対し一八〇万を数えたのである。

イスラエル

一九四七年四月二十八日、国連特別総会が開かれた。ソ連はそれまで絶えずシオニズムに敵意をもっていたが、このときはそうしたイデオロギー路線から離れて、パレスチナをユダヤ人国家とアラブ人国家に二分する道を開いた。あれこれ煮え切らない議論が重ねられた後、イギリス軍はいかなる者にも委任統治権を託すことなく一九四八年五月十五日をもってパレスチナを撤退することが発表され、一九四七年十一月二十九日の国連総会は三分の二の賛成を得て（アメリカ、ソ連、フランスの賛成を含む）、パレスチナ委任統治領の五五パーセントを将来のユダヤ人国家に認める分割案を採択した。

ユダヤ機関（一九二〇年代に入って委任統治国との交渉相手となるために「世界シオニスト機構」を引き継ぎ、ベン＝グリオンによって主宰された組織）は、分割案の承認を明らかにしたが、パレスチナのアラブ人は拒否を示した。しかし後者の陣営は、ヨルダン王アブドゥッラーと、エルサレムのムフティとの対立によって弱体化していた。ヨルダン王はシオニストの責任者と接触して、分割案がアラブ側に認めているパレスチナの一部を併合して自領の拡大を望んだ。それに対し、フサイニー家によって終始守られている立場に立って、たとえ力ずくでも委任統治領全体に統一国家を築こうとするアミーン・フサイニーは、ユダヤ人入植地は分散しているから、連絡路を抑えればイシューヴの軍事組織（ハガナー）の部隊を思うがままに縮小させられると信じていた。だが、彼は幻想を捨てなければならなかった。ハガナー部隊は想像よりはるかに強力で、一九四八年二月以降優劣は歴然となり、数か月前から始まっていた現象、すなわちパレスチナ人の脱出は加速度的に進んだ。

はじめは沿岸都市の富裕な人びとが家族を避難させたいと考えて生まれたこの脱出劇の波は、紛争の激化とハガナーの軍事的勝利から生じたパニックの影響で各地に広がり（ハガナーは人びとを脱出こそさせようとはしなかったが、それを防ぐためには当然何の措置も講じなかった）、結果としてパレスチナ社会を分断していった。二月二十二日陥落したハイファには、戦闘前にこの都市が数えた七万の人口のうち三千から四千人のアラブ人しか残っていなかった。五月十三日のヤッファ占領では、戦前市内にいた八万のアラブ人のうち五千人しかいなかった。ヤッファからエルサレムまでの戦略的軸線に接する町村は破壊され、デイル・ヤシーンでは約一〇〇人が虐殺された。最後にガリラヤでは多くのアラブ人が町村から自発的に去り、あるいは強制的退去させられた。

イギリス軍撤退の直前の一九四八年五月十四日、イスラエル国家独立宣言がなされ、アラブ諸国は戦闘状態に入った。彼らはハガナーの後を継いだイスラエル国防軍を前に敗北を重ね、離村が相次いだ。ロッドとラムラが占領され、大量の強制退去がそれに続いた（巻き添えを食った周辺町村も含めて、退去者は十万人を数えた）が、この事実は長い間否認され続けた。ネゲヴの制圧によって、一三万人のパレスチナ人がガザ地区に追放された。ガリラヤにおける新たな作戦は、レバノンに向かう数万の難民を誘発した。

ナクバ

アラブ側の視点からみればこの結末は「ナクバ」（アラビア語で「大災厄」を意味し、パレスチナ人にとってはとくに一九四八年の一連の事件を指す）である。すなわち、委任統治領パレスチナのアラブ人のうち、その半分、推定七六万人がイスラエルの征服地周辺へ脱出したからである。しかも帰還の可能性は、一九四八年六月十六日以来イスラエル政府がそれを禁じたため怪しくなり、三五〇か所の町村が破壊された。一九四八年初頭ユダヤ人入植者は委任統治領パレスチナの二六〇〇万ドゥナ（一ドゥナは一千平米）すなわち二万六千平方キロのうち、すでに一万五千平方キロを得、さらにアラブ人の脱出から一万八五〇〇平方キロと大都市の捨てられた不動産（たとえばイスラエルによって征服されたエルサレム西部のアラブ人三万の不動産）をそれぞれ取得した。

　内部問題を抱えて弱体化したアラブ諸国は、紛争に介入する前から達成すべき目的においてすでに分裂（独立した統一パレスチナを目指すムフティの側で戦う人びとと、ヨルダンをまたいでアラブ国家をつくるために分割案に適応しようとするアブドゥッラー王に追随する人びととの分裂）し、しかも軍事的敗北によって辱められて、結局、一九四八年十一月十六日の国連決議で好戦派に勧められたとおりの停戦交渉を受け入れた。休戦の取り決めはロドス島で話し合われた。国連によって指名された調停官ラルフ・バンチの指揮のもとで（それ以前、ユダヤ人とアラブ人のあいだの妥協点を探るため一九四八年五月に調停官に指名されたベルナドッテは、同じ年の九月、ユダヤ人のテロリスト・グループ、シュテルン[1]の突撃隊によって暗殺されてしまった。この事件は世界を大いに湧かせたが、結局イスラエルが損害を被ることはなかった）、交渉は一九四九年一月、まずイスラエル人とエジプト人のあいだで開始された。この交渉では、バンチが双方から合意点を得たことがとくに有益で、二月二十四日に結ばれた協定が模範となって、次のイスラエル－レバノン間（三月二十三日）、イスラエル－ヨルダン間（四月三日）、イスラエル－シリア間（七月二十日）でそれぞれ協定が結ばれた。国連は各国の視点を知り、それらを接近させることを任務とする国連パレスチナ調停委員会の設置も準備していた。一九四九年四月に開かれたローザンヌ会議は問題解決に成功すると考えられていたが、失敗で幕を閉じた。アラブ諸国は議論の基礎を一九四七年の分割案以外に認めようとせず、またあらゆる難民の帰還を必須条件としようとし、他方、イスラエル側は征服した領土に対し正当な主権の承認を求め、十万の難民のイスラエルへの帰還を考えようとしなかったからである。のみならず、ムフティのフサイニーは本会議にも準備会議にも招待されなかった。そこでヨルダンは、意を強くして一九四九年一月、ヨルダン川西岸とエルサレムに残されたアラブ地域を併合したのである。

（1）正式名称「イスラエル自由戦士団」。

第二章　政治的、経済的、社会的緊張と民族の憤激――一九四五年から現在まで

I　引き裂かれた空間――一九四五年以降の一般的傾向

民主主義の可能性

一九四八年の〔中東〕戦争が終結する以前から、イスラエルとアラブ諸国はすでに正反対の政治の道を歩んでいた。

シオニズムの理想に関して住民の同意が得られたことに安心したユダヤ人国家は、普通選挙にもとづく権力分立の原則によって機能する民主制を敷いた。政体は比例代表制によって選出された一二〇名の一院制議会（クネセト）型で、この議会は立法権を行使し、大統領を選び、政府を認証する。司法権の独立は保障され、最高裁判所は細心の注意をもって制度を監視する。とはいえ国家を創建した一般市民は、ユダヤ教が国民のアイデンティティを構成していることを無視することは許されないし、イスラム教やキリスト教徒といった少数派の権利を軽視することもできない。それゆえ彼らは市民の個人的地位に触れる問題を、異なった宗教的権威に託そうと決断する。こうした多義性は、宗教家と一般人とのあいだで論争の原因となり、イスラエルの展望においてすでにみたように、最終的には民主主義的な議論

を変質させるが、議論を完全に損なってしまうわけではない。イスラエルは政治的機能の態様を通じて、西洋型民主主義に近づき得る国なのであり、逆に西洋型民主主義派は、イスラエルに親しみやすい価値観や指標を見いだすことができるのである。

アラブ世界では事はそう簡単ではない。独立が宣言され、委任統治国である大国の部隊が撤退するやいなや（シリアとレバノンの場合は一九四六年）著しく不安と暴力が広がり、西側諸国では現状に対する直接のあるいは過去の責任に関して統治国を呼んで問い詰めることはできないので、既成の観念を参照しなければならなくなった。実際統治国によって課せられたアラブ国家建設は、きわめて脆弱な基礎にもとづいていた。伝統的なアラブの階級社会は農村における人口脱出で不安定になっているだけでなく、委任統治時代に始まった経済と教育の近代化のなかで生まれた新たな階層から異議申し立てがなされている。イスラエルによって喫した敗北は、新たな正当性（正当性は、はじめから国民の大半が支持する汎アラブ主義の熱望によって蝕まれていた）を危うくした。くわえてこの熱望は二人のシリア人、すなわちキリスト教徒のミシェル・アフラクとイスラム教徒のサラ・アル＝ビータールによって創立されたバアス党により実現されようとしていた。一九四七年に採択されたこの党のスローガンは、「統一、社会主義、自由」、つまり「祖国の統一と地元に密着した社会主義による繁栄」という願望を表現する。バアス党員は階級闘争とマルキストの無神論は、アラブ民族の価値観に反すると考えていた。一九六三年、シリアではバアスが政権を奪取して今日に至っている。この一九六三年の最初の企ての後、イラクでは六八年に政権の座を得、二〇〇三年のサダム・フセインの失墜までバアス支配が続いたが、最初の願望は達成することなく終わった。それどころか、アラブ国民の統一実現という意志に変化はないと公言しながら、バアス党は不和と対立をためらうことなく誇示する強力な国家建設と結びついた。そうした状況のなかでの国家建設は可能だとしても、無政府的で暴力的にならざるを得ない。第二次世界大戦から一九七〇年代までの長期にわたる不穏な時代の節目に、近東アラブ諸国特有の暗殺、処刑、流血の粛正などが続出し、この暴力的傾向は今日まで止むことがない。人によっては、イスラエルとアラブの紛争が感情に走って常態化している以上、今日では近東全体がテロの伝統に染まりきっているとみるだろう。あいつぐクーデタの口火を切ったのはシリア（一九四九年に三回）、ついでイラク（一九五八年と六八年）、またしてもシリア（一九六一年と六六年）と続き、その間、近東の将来にとって決定的に重要なエジプトの「自由将校の反乱」が一九五二年にあり（ナセルとサダトが参加）、結局近東は軍の独裁制に支配されていった。こうした体制は、一九七〇年のシリアのハーフィズ・アル＝アサド、一九七九年のイラクのサダム・フセインのように、強烈な個性の持ち主が指導者となったときに過激化する（実際にはフセインは一九六八年以降、すでに有力な人物であった）。彼らは自己の絶対的な権力を定着させ、維持していくために最も手荒な手法さえ、躊躇なく実行した。二〇一一年の「アラブの春」に芽生えた希望も、二〇一三年のエジプトにおける軍事的「秩序の回復」、シリアの戦争と虐殺、イラクのテロなどをみると短命に終わってしまうのかもしれない。

発展性の有無

イスラエルと占領地も含めたアラブ諸国との間のさまざまな経済的な亀裂は、何よりも大きな溝を穿っている。だが、後者の国々の中心にある水や石油といった資源へアクセスする上での不平等、そして何よりも政策上の（経済、社会、教育などに関する）対立は、別の何本もの亀裂を生み出している。地域間において交易がほとんど欠如していることが、こうした状況をよく物語る。たとえばイスラエルとの平和条約を調印したエジプトやヨルダンといった国は、イスラエルと事実上まったく取引きしない。といってアラブ諸国間でも事情は同じなのだ。二〇一五年の近東地域における貿易総額に対するアラブ諸国のそれは、推計一〇パーセントである。

イスラエルが地域の国々と共通の経済問題、たとえば給水や軍事予算の負担などと取り組むとしても、相手と必ずしも同じ切り札で勝負するわけではない。なぜならばイスラエルは、低開発段階を脱却しようと苦心している周囲の国に比べて高度に発達した国であり、地域の巨人なのだ。

イスラエルの最大の資源は、人的能力にある。高い人口率（一九四八年九〇万だった人口は、一九五六年には二〇〇万、二〇一五年に五月には八三四万五千）は、先進国並みの自然増を考慮に入れても、主として入植に依存している。もちろん大規模なアリーヤー、とくに中東や北アフリカからの移民（一九五〇年代）、エチオピア人の入植（一九八〇年から九一年までの半ば）、一九九〇年から始まった旧ソ連市民の膨大な難民（二〇〇三年には一〇〇万に達した）などは、土地に定着して同化する上で、大きな、そしてときには痛ましい問題を起こしながら、同時に熟練した労働力と、未熟練から高いモチベーションをもった原子理論の科学者までの新しくて多様な能力をユダヤ人国家にもたらした。

のみならずディアスポラすなわち離散のユダヤ人の支援もあって、イシューヴは最初の段階からエリートの養成に熱心で、そうした政策はイスラエル創建の一九四八年後も続けられた。ハイファのテクニオン[1]は一九二四年に開校し、ヘブライ大学は一九二五年、アルバート・アインシュタインが落成式に加わった。一九三四年、最初の科学的研究がのちにワイツマン科学研究所[2]と呼ばれる機関で行なわれた。一九四八年の戦争以後、テルアビブ、ついでハイファ、さらにベエルシェバに設置された大学が、西側諸国の最も優れた大学と密接な関係を発展させた。同様の努力は、一連のパイオニア的事業によって健康面にも払われている。たとえば二十世紀初頭にパレスチナに現われた王妃ハダサ[3]のように、医療組織ハダサは、一九三九年にエルサレムのスコーパス山の頂で大学病院を開いた。世界中でイスラエルは、国内総生産を最も高率で研究費に割く国である（二〇一二年には三・九三パーセント）。

（1）イスラエル工科大学。イスラエルハイファ地区ハイファに本部を置くイスラエルの国立大学で、一九一二年に設置された。

（2）一九三四年、ハイム・ワイツマンと科学者ベンヤミン・マルク・ブロックがダニエル・シーフ研究所として設立。その後拡張され、一九四九年十一月二日に現在の名称に改められた。

（3）ユダヤ人モルデカイの養女エステルは、ペルシア王クセルクセスの后に選ばれる。そのころ、権力者ハマンはモルデカイに対する個人的な恨みからユダヤ人を皆殺しにすべく陰謀を巡らせていた。エステルの機転によってユダヤ人は救われ、逆にハマンが死刑となる。これが物語のあらすじである。エステルとはペルシア名で、ヘブライ語名はハダサ。エステル記、二・七。

高度な研修を受け、西洋的価値観と方式に親しんだ管理職が豊富で、一九六七年からは国内の安価な労働力も得られ、財政援助金もアメリカ（二〇一四年、三一億ドル）や離散ユダヤ人団体（アメリカの団体の場合、毎年一〇億ドル以上）から提供されるイスラエルは、高度に発展した国の仲間入りができるだけの経済力を確立した（二〇一三年のイスラエルの国内総生産は、購買力平価で一人あたり三万七千ドルで、EUの平均以上の国に相当）。軍事ならびに民間のハイテク産業はとくに盛んで、情報通信業において雇用される労働者は労働人口の六・一パーセントで、[(1)] この点でイスラエルを超える国は、スウェーデンしかない（六・四パーセント）。軍事費の比率は高いにもかかわらず（二〇一四年で国民総生産の五・二パーセント）、[*1] ユダヤ人国家は、最近地中海で巨大な海底天然ガス田が発見されるまで、長期間激しいインフレの犠牲を払って自然資源不足の代償を補い、地域的に重要な問題の一端（給水問題）を制御してきた。水を確保するため、イスラエルは大胆な技術をたくさん編み出し、一九六七年以来占領地で導水工事や掘削によって土地の資源の一部を独占し、パレスチナ人をはじめシリア人、ヨルダン人とも新たな諍いの種をつくりだしてきた。

（1）日本の場合、二〇一五年現在で三・二パーセント。総務省統計局資料。

アラブ諸国とパレスチナ領はいくつかの特殊な条件を分かち合ってきた。その第一は、緩慢になっているとはいえ半世紀来続いた急激な人口の自然増である。一九五〇年末のアラブ諸国は四一〇〇万の人口を数えたが、二〇一五年の人口は一億六千万となり、そのうち八八二〇万はエジプト、三三〇〇万はイラク、六七〇万はヨルダン、六〇〇万はレバノン人、四六〇万はパレスチナ領、二三〇〇万はシリア人（二〇一五年夏の大脱出前に確認された数字）である。全体として若い成人の比率が高いのは、自然増が二パーセント以上（エジプトのみが一・八五パーセント）で、パレスチナ領では三パーセント以上に達する（フランスは〇・四パーセント）。したがってこれらの国々は教育問題に直面している。エジプトの非識字率は相変わらず高く（二〇一四年、二六パーセント）、ついでイラク（二〇一四年、二一パーセント）、それ以下の国の率は五ないし一〇パーセントとなっている。[*2] 女性の地位が低く、いわゆる大きな男女格差がいたるところに見いだされる。伝統的な農村の生産活動に雇用が見いだせない未熟練労働人口は、高い率で主要都市へ流出している。そうした都市では人口増加が著しいが、規制すべき公的機関がないため、全面的な混乱状態にある。その最も典型的な例はカイロである。一九五二年、カイロ市の人口は二五〇万を数えたが、今日では七〇〇万に達し、それに郊外の増加を含めると二千万となった。

人口の構造的な格差を抱えた近東のアラブ諸国は、生産面の格差もある。実際、企業というよりはむしろ大型の国営企業に近い会社であれ、民間企業（といっても国の機構との絆によってのみ存在し、生き延びなければならないグループ）であれ、そこにあるのは国家によって管理される経済の原則である。[*3] くわえて生産の財政的機能と関税手続きとのあいだに不適合の問題がある。国際的な出資者たちは、当然、国に対して経済の自由化をせよと圧力をかけてくるが、これは国際基準に合わせる準備のできていないアラブ諸国企業の外国との取引き、為替相場の混乱、情報の自由化などを意味する。その場合は政権の中枢にいる体制の受益者が不満を募らせたり、インフレやとくに広範囲の若年層のあいだに失業を誘発したりする危険が大きい。政権が安定化を図ろうとしても、「新経済」の受益者はまだごく少数で、彼らを頼みとすることはできない。まして地域情勢の見通しが明るくない以上、この「新経済」は、観光のような最も有望な部門を含めて考えても、外国人投資家から資金調達をすることは難しい。というわけで一人あたりの国内総生産は、購買力平価でみて依然としてあまりぱっとしない（二〇一三年、レバノンが一万七三二六ドル、ヨルダンが一万一六三九ドル、エジプトが一万八七〇ドルである。イラク、シリア、パレスチナ領土のデータは、政治的状況の関係で現実的な意味がない）。[*4]こうした難点が原因で、食糧の他国への依存度は高く（エジプトとイラクでは国内総生産が需要の五〇パーセントしかカバーできない）、いずれの国も外債の負担を背負い、寄付や貸付金を提供する国際金融業者へ服従する結果が生まれている。

したがっていわゆるＨＤＩ〔人間開発指数〕と混じりあったＵＮＤＰ〔国際連合開発計画〕をもとにつくられた格付けでは、近東のアラブ諸国は、平均以下に位置する。たとえば二〇一三年の格付けでは、世界の一八七か国のうちヨルダンは七七位、パレスチナ領土は一〇七位、エジプト一一〇位、イラク一二〇位をそれぞれ占める。こうした点に近東のアラブ地域において、緊張が高まる原因の一端が存在するのである。そこでは教育が進み、とくに権力に近い集団内で形成される巨額な富に関する情報が広がるにつれて、貧困層の生活条件はいっそう耐えがたくなって感じられるからである。とはいえ近東のあらゆる不幸を、「シオニスト的実体」に結びつけるやり方は長い間続けられ、現在でもしばしば魅力的にみえることが多い。

たしかに先の格付けにおいて隣国のイスラエルは先進国に伍し、二〇位のフランスを抜いて一九位である。このような歴然たる格差にもとづいてイスラエルは近隣諸国から忌むべき（近東アラブ地域の経済、社会、文化にとって帝国主義的やり方で悩みの種をばらまくがゆえに「忌むべき」なのだ）西側諸国の前哨とみられる。とくにアラブ諸国同士で共有するハンディキャップにくわえて政治的背景のハンディキャップが存在するヨルダン川西岸やガザ地区で、この傾向が顕著である。パレスチナ経済は、二〇一三年現在、その輸出量の八一・七パーセントを吸収し、輸入量の七一・三パーセントを供給し、水資源を握り、労働市場の開放も閉鎖も自由になし得るイスラエルに依存しており、イスラエルとパレスチナ自治政府[1]との関係いかんで「政治的」サイクルに左右される。たとえば一九九八年から九九年にかけての指標（成長率、失業率など）は改善されたが、続くオスロ合意の失敗によって、成長率が二〇〇一年に一二パーセントに落ち込み、失業の波が労働人口の五〇パーセントを襲った。ヨルダン川西岸の成長率が二〇一〇年代初めは高かったものの（二〇一一年、一二・二パーセント、二〇一二年、五・九パーセント）、その後は低調になり、失業率は二〇一四年で労働人口の二六・三パーセント、青年（二十歳から二十四歳まで）の四三パーセントに達した。ガザ地区では二〇〇八年一月以来のイスラエルによる封鎖（ハマースの権力奪取の結果）のため、社会・経済状態は相変わらず深刻で、労働人口の半分近くが失業状態である。ガザ地区の人口の八〇パーセントは援助に依存しており、したがって人道的見地から悲劇を避けるためにも、国際的な援助が不可欠である。公的な開発援助は主にアメリカとEUから提供されており、二〇一三年現在[*5]一人あたり六二六ドルと、ODA「政府開発援助（被援助国の意か？）」のなかでそれほど不運な国ではない。

（1）Autorité palestinienne。パレスチナ自治区は、パレスチナ地域のうちヨルダン川西岸地区とエジプトに接するガザ地区からなるパレスチナ人の自治地区である。その行政は、パレスチナ解放機構（PLO）が母体となって設立されたパレスチナ自治政府が行なう。ただし、最終的な地位は将来イスラエルとパレスチナとのあいだで結ばれる包括的和平によって定められることになっており、目下の正式な地位は暫定自治区・暫定自治政府となっている。パレスチナ自治区の人口は約三三八万人で、西岸地区が三分の二、ガザ地区が三分の一を占めるとされる。これは、九〇〇万人強いるとされるパレスチナ人の全人口の三分の一にあたる。自治政府は一九九五年の暫定自治拡大合意にもとづき、一九九六年に行なわれた立法評議会選挙によって正式に発足した。

「水」、戦略の鍵?

開発における格差や遅延を説明する上でのさまざまなハンディキャップについて触れたが、なかでも目立つのは既述のような自然資源の配分における不平等、人間生活に不可欠な水を巡る不平等である。[*6] したがって水は、多くの研究者によって、この地域の国々にとって決定的に重要な標的として紹介されてきた。この指摘は正鵠を得ており、アイゼンハワー時代のアメリカ政府はテネシー川開発流域開発公社を模したジョンストン計画(1)（ジョンストンはアメリカの特任大使の名）をヨルダン川に適用したもので、これによってイスラエルと近隣諸国との合意が得られると信じた。現在では技術がめざましく進歩し、水の浪費と消費（とくに大量の水を必要とする農業用水）を節減したり、使用済みの水をリサイクルで還元したり、海水を淡水に変えて供給したりすることが可能になったので（近東のすべての国は海に面している)、水の供給事業は、国営か民間かを問わず、新しい水利技術を稼働させるべき財政能力に依存している。このことは、シリアとイラクが、あるいはこれら両国とトルコが(そしてもちろんイスラエルと近隣諸国が)、それぞれ互いに力ずくで奪い合っている河川の流水や地下水についてもいえることである。運良く財政の目処がたてば、水量の問題は解決する。その証拠は、一九七五年以降のイスラエルをみれば明らかである。イスラエルは、一九七五年以降、水の需要量が伝統的な水資源から得られる量を超えるようになったが、ヨルダン川西岸の占領地域で反対されている取水に頼るだけでなく、海水の脱塩化を採用して不足分を補った。今日では三〇か所の脱塩工場をもち、その最大の工場は二〇一三年にソレク(テルアビブの南)に建設され、日量六二万七千立方メートルの水を供給し、国内の二〇パーセントの家庭の需要を満たすことが可能である。もう一つの新しい工場も二〇一五年には稼働されるはずで、二〇二〇年までにはイスラエル国内における水の消費量を、すべて脱塩水で供給するはずである。目下財政が確保されてはいないが技術的には実現可能ないくつかの案があり、それらによれば他の国でも水問題が解決できるだろう。紅海と死海のあいだに水道管を通す案についても状況は同じである。それによれば、毎年一八〇〇万立方メートルの水を運ぶ水路がアカバ湾から死海までを走るが、そのうち四〇キロは開渠《かいきょ》、残る一二〇キロは水道管である。水は死海のある盆地と紅海とを隔てている標高一〇〇メートルの鞍部を越えたのち、落差五〇〇メートルの坂を下って死海に到達する。この水の落下から得られるエネルギーによって海水脱塩工場は年間八億五千万立法メートルの飲料水を生産することができ、これによってヨルダン、イスラエルの本土とその南に給水が可能である。

(1)ジョンストン計画。アメリカ人エリック・ジョンストン特使により、一九五五年に提案された年平均水利用計画。

しかし水の問題は量だけではなく、質もかかわる。最も深刻なのはガザ地区のケースで、ここでは唯一の天然資源が、地下数十メートルの帯水層からなる沿岸部の湿地帯で、主たる水の供給源はガザ地区三六〇平方キロに降る年間二〇ないし四〇センチの雨量と、イスラエルから流れてくる流水である。年間取水量が一億立方メートルであれば、地下水脈が涸れることはなかっただろう。とはいえ領土内に四千か所と限度以上の井戸が掘られて、年間取水量は一億六千万立法メートルに達した。そこに不足分を埋めようと海水が水源に浸透してきて、九〇パーセント近い井戸の水が、世界保健機構によって勧告された限度を超える塩分を含むようになってしまった。そのうえガザ地区の水脈は国内の農業と下水によって硝酸塩で汚染され、今後十年以内に使用不可能になるかもしれない。

Ⅱ　従属の空間――一九四五年から九三年まで

アラブのカリフ時代が終わると、近東はその将来をもはや自力で制御できなくなった。オスマン帝国の手からヨーロッパの大国の手へとたらい回しにされた近東は、一九四五年には主権を回復できるかに思われたが、それも錯覚だった。というのも最初はそれは西側諸国同士の対立に、ついで二つの超大国の抗争に巻き込まれ、ついでアメリカへの服従の空間となったからである。

三つ巴（一九四五〜五六年）

第二次世界大戦直後の近東は、独立した複数の国家からなる地域ではない。西側諸国の戦勝国、すなわちイギリス、フランスそしてアメリカは、戦後になっても近東に対する影響力を捨てようとはしなかった。三国のうち前二者はその力を古くから振るってきたが、三番目のアメリカはごく最近になって駆使するようになった。それどころか経済における炭化水素化合物の重要性がますます大きくなるにつれて、それが欠如しているフランスやイギリス、あるいは埋蔵量の枯渇を恐れるアメリカは、近東の支配を自国の繁栄にとって死活の問題と考えるようになった。近東はイラクに採掘費用の安い石油を大量にもっているだけでなく、海路と陸路（サウジアラビアの石油を地中海に運べる有名なアラビア横断パイプラインは、一九五〇年から利用されるようになった）を抑えて、ペルシア湾からの産出物を西側諸国に輸送できる地域なのだ。とはいえ一九五〇年代までは、近東を標的とする戦いは三国の三つ巴戦だった。アメリカは友好という資本の力をよく知っていて、それによって反植民地主義的立場を獲得することができた。アメリカの拠点は周辺とはいえ近東にしっかりと根付いた。その一つはサウジアラビアである。一九四五年二月アメリカ大統領フランクリン・ルーズヴェルトは、ヤルタ会談の帰途米国巡洋艦クィンシーの船上で、ワッハーブ派の王でサウジアラビア王国の建国者イブン・サウドと「クィンシー契約」を調印する。この契約は、サウジアラビアの安定はアメリカの利益にとって不可欠であること、それゆえアメリカは、王国内の炭化水素資源の供給を保障してもらう代わりに、外敵からサウド王家とその王国を無条件に保護することを保障すると規定した。この期限は六十年間で、二〇〇五年、ジョージ・W・ブッシュによって更新され、延長された。

もう一つの拠点は、アメリカの第六艦隊が一九四六年に編成された地中海である。アメリカは相変わらずイギリスを牽制しながら、近東に向かって一歩一歩と進んでいった。というのもイギリス軍は軍事基地のために、つねに地域の要所を占めていたからである。その最も重要な基地はスエズに保持しているイギリス軍基地である。フランスは近東への影響力を回復したいと願ってはいたが、実際にはその威光は一九四〇年の敗北で深く傷つき、一九四五年の戦勝国としての地位も部分的にしか戻らなかった。他方イギリスは、一九四五年の仏英協定にもかかわらず、近東という舞台へのライバル国の復帰願望を好ましく思わなかった。一九五四年に生まれたフランスとイスラエルの接近にいくつかの理由があったが、とくにイギリスが失敗した近東で、改めて主役を演じてみたいというフランスの意志を排することはできない。

ソ連は近東の戦略的価値を丁寧に測り、その勢力範囲を広げ、敵陣の弱体化を狙っていた。だがその野望はまだ実現できない。というのもソ連がもっている特殊な媒介手段である共産党は、ここでは不在もしくは取るに足らない存在からだ。そのうえ西側諸国は一致結束して中央条約機構（CENTO）という堤防をつくり、西側で実現した同盟関係北大西洋条約機構（NATO）や、東側で確立した東南アジア条約機構と連携させ、それによってソ連包囲網を張ろうとしていた。その完成点がバグダッド条約

（一九五五年）で、これによってイギリス、トルコ、イラク、イラン、パキスタンが結集した。

中立主義の破綻（一九五六〜九一年）

近東では、インド、インドネシアのように三国宣言（アメリカ、イギリス、フランスによって一九五〇年五月になされた宣言）に不満をもつ国々によって説かれた汎アラブ主義ならびに中立主義が浸透したアラブ地域に、スエズの危機が勃発した。中立主義が近東地域における軍拡競争に歯止めを加える狙いをもって発せられたが、実際にはイスラエルへの間接的支援と受け止められ、これに不満を抱いた国々が非同盟諸国の運動を開始したのである。他方イスラエルはポスト・スターリニズム時代のそれによる反植民地主義的言動に敏感な北アフリカの状況に触発されて動員された。

■スエズの危機

紛争の起源は一九五二年七月二十二日、すなわちガマル・アブデル＝ナセル少佐によって率いられたエジプト軍の将校たちによるファルーク国王追放事件の日に遡る。バンドン会議（一九五五年四月）の成功に意を強くしたナセルは、近東の舞台にソ連を参加させ、何かと幅をきかす西側諸国と張り合おうとした。一九五五年七月に最初の接触が図られ、ソ連圏から武器が支給された。それから数か月後の一九五六年、イスラエルとエジプトとのあいだに緊張が高まり、フェダインと呼ばれるパレスチナのゲリラ兵が、ガザ地区からイスラエルの領土へいたるまでの地帯を襲撃した。ガザ地区は当時はまだ、アカバ湾を封鎖してイスラエル船のスエズ運河の航行を禁じたエジプトの支配下にあった。こうした緊張した雰囲気のなかで、一九五六年七月二十六日、ナセルはナイル川の巨大なアスワン・ハイ・ダムを建設する工事を賄うため、仏英スエズ運河会社の資産を国営化すると宣言した。これに対しフランス、イギリス、イスラエルは、十月にセーヴルで開かれた会談で軍事的報復を行なうことで合意した。この報復は成功した。イスラエルはシナイ半島を占領し、フランス軍とイギリス軍は十一月初旬にポート・サイドに上陸、数日にしてエジプト軍を降伏させた。しかしそれは外交的には完全な失敗であった。ソ連はフランス、イギリス、イスラエルを核の反撃で脅すようになった。しかしこの脅しで、逆にそれまで日和見主義だったアメリカは、イギリスとフランスに大西洋同盟の「盟主」が誰であるかを思い知らせることができた。アメリカは西側諸国に危機を収束するために部隊の引き揚げを要請し、ポンドに対する通貨攻勢を強めるといってイギリス政府に圧力をかけたり、海軍と空軍を派遣して仏・英の体制に介入したりした。地政学的にみてその結果はさまざまだが、地球的規模のものを挙げると以下のとおりである。

一、一九四五年以降、アメリカとソ連は、近東やその他の地域におけるいかなる政治も、両国を抜きにしては進展させられないことを証明しようとした。イギリスとフランスはもはや世界の大国ではなく、国際競争における彼らの役割はアメリカの役割の補助にしかなり得ないことを、決定的に認めなければならなかった。とはいえヨーロッパの強国である二国がこの失敗から引き出した教訓は、同一ではない。危機の後、首相が政治生活から身を引いたイギリスは、今後単独の企ては必ず失敗すると考え、アメリカの外交政策にほぼ全面的に協力する道を選ぶようになった。フランスはアメリカに対して大国としての体面を守るとはいわないまでも、自発性の余地を守ることに腐心し、核の攻撃力をもとうと決意した。
二、ソ連は近東において特権的な地位を獲得し、エジプトとの同盟関係をいっそう密にした。ソ連にとってスエズ危機は、同年十一月四日のブダペストの蜂起をロシア製戦車が潰したハンガリー事件を牽制する意味をもっていた。
三、政治的外交的に勢いづいたナセルは、アラブ世界で絶大な力を得、自分のイメージを帝国主義者の策謀の犠牲者に塗り替えることに成功した。フランスの屈辱とエジプトの勝利は、一九五四年十一月一日から始まったアルジェリア蜂起の主たる推進役FLN（アルジェリア民族解放戦線）を強化させた。
四、イスラエルはフランスの梃子《てこ》入れによって支えられた地域で、随一の軍事力をもつ国の立場を強化した。フランスは、セーヴルで約束したとおり、ユダヤ人国家と軍事的協力を固め、同国の空軍に最初のジェット機を配し、小型戦車を供給し、軍事協力をスタートさせた。
五、古代から存続するエジプトのユダヤ人共同体は当時約七万五千人を擁したが、この危機に活気づき、財産をエジプト政府に「寄付」し、トランク一つもって国を離れ、異国へと向かった。すなわちイスラエルに三万五千、フランスに一万（彼らの多くは仏語を母国語とした）、ブラジルに一万五千、アメリカに九千、さらにアルゼンチンに向けて九千のユダヤ人がエジプトを発った。

このようにソ連が近東に根を張り、同時にヨーロッパの諸大国が埒外に置かれるようになると、アメリカは今後ヨーロッパの国々に取って代わるという意図を明確に宣言した（一九五七年三月の会議におけるアイゼンハワーの演説）。その結果、近東は二つの大国が対決する主要な場となり、ついには一九七三年のアメリカの直接介入や、核による威嚇へとつながっていくのである。とはいえソ連の崩壊を考えれば、我々のテーマにとって大切なのは、一九五五年から八〇年半ばまでにソ連が浸透していく各段階を細かく調べることより、むしろ現実の近東紛争の当事国が紛争の性格やそれをもたらす火種《ひだね》〔原因〕について思い描くさまざまな展望を分析することにある。

いわゆる「進歩主義的」で反植民地主義的言説は、近東における一連の「進出」につきものであったが、一九六七年以降それは、ますます無条件に近くなっていくアメリカのイスラエルへの支援を意味するようになる。というのもこの支援はアメリカの新植民地主義が形を変えたものであり、実際にはそれはアメリカが近東のアラブ諸国のなかで両大戦間につくりあげてきた「信頼」という資本を台無しにしていった。ある意味でアメリカは無数の期待を裏切って、諸悪の根元となったのである。屈辱、軍事問題、経済的困難、アイデンティティの混乱などすべてがアメリカに帰せられる。たしかに一九九一年以降、アメリカの覇権によって、サダム・フセインを除く（彼はのちにその代価を払うこととなる）アラブの指導者たちは、みな反米的な批評を捨てさせられた。しかし一般大衆の感情は静まるどころか、大義が失われたがゆえに高まり、すでに述べたように西側諸国との「妥協」で弱腰になった指導者たちから権力を奪い返すためにその高まりをイスラム主義が持続させた。

こうした進展は近東に対するアメリカの展望にいくつかの痕跡を残していく。ソ連の存在感が増すにつれて、イスラエルは、その思惑どおりアメリカにとっての近東全域におけるアンチ・コミュニズムの拠点と映るようになった。ソ連圏が解体すると、アメリカとイスラエルの同盟関係は著しく密接になり、アメリカにとってその戦略上の利益を再評価することなど、「考えられない」こととなった。

■六日間戦争

スエズ危機が世界的規模での力の均衡に影響を及ぼしたかもしれないが、といってイスラエル－アラブ紛争の負の部分をいっそう広げたとはいわないまでも、この地域紛争を根本的には変えなかった。一九六七年の危機とそれに続く六日間戦争の場合は、これと事情が大いに異なる。これらの戦争は近東の地政学的な条件を根本的に変えた。先述のようにスエズ危機以後、大統領《ライース》ナセルはアラブの民衆によって民族的英雄とみられるようになったが、アラブの他の指導者たちの警戒心やときには敵意にさえ遭遇した（といってもいわゆるアラブ諸国間の冷戦の枠内のことだが）。ナセルの主たる敵は、イエメンで争っているサウジアラビアであった。サウジアラビアは、イスラム主義の名誉に賭けてナセル主義と戦っていた。そしてイスラム主義擁護を主唱し、増大する石油の既得権から得られる収入をもって各地でイスラム社会に財政援助を行なうことができた。ナセルはまた、パレスチナ問題に日和見主義だと自分を非難し過激化していくシリアの体制とも対決していた。他方、ナセルはこの問題に関して、新世代のパレスチナ兵の登場を考慮しなければならない。彼らは、パレスチナの「解放」が、アラブの統一（たとえば一九五〇年代末にアラファトによってつくられたファタハの運動が目指したような統一）の実現次第だとは思いたくなかった。結局ナセルは、近東における大国の関心が絶えず高まっていくことを見抜いていた。たしかにジョンソン就任以降、アメリカはイスラエルへの接近に熱中するようになり、同様にソ連は、アメリカの影響力に引けを取らないくらいまで勢力を伸ばすためなら、最も過激な立場さえ支持しかねなくなっていった。

一九六〇年代半ばから、イスラエルとその隣国とのあいだの緊張が絶えず激化していった。そうした雰囲気は、ナセルが初代PLO（一九六四年に創設されたパレスチナ解放機構）議長アフマド・シュケイリの熱狂的な演説によって維持され、またダマスカスの新たな政権の一団によって支えられながら、他方、シリアとのあいだの度重なる国境紛争によって重苦しさを増した。こうした状況に捕われてナセルは言葉のトーンを上げざるを得なくなり、アラブ世界におけるリーダーシップを回復する機会を探して、一九六七年春にはユダヤ人国家に対する連続的な挑発という作戦を採った。彼は自分の部隊をシナイ山で増強し、エジプトとイスラエルの仲裁役である国連平和維持軍〔PKO〕の出動を要請して認められ、シャルム・エル・シェイク(1)を武装した。こうしてルビコンを渡ったナセルは、同年五月二十二日ティラン海峡を閉鎖して、イスラエル船の航行を禁じた。この封鎖はイスラエルにとっては看過し得ない開戦事由《カスス・ベッリ》となった。このようにナセルはアラブ世界で主役になりたくて、ヨルダンを強制的にリャドとの同盟から切り離し自国へ引き寄せた（五月三十日）上、反発したイスラエルが、一九五六年の場合のように大国の仲裁を求めざるを得なくさせた。大国は彼に対して好意的だから、勝ち目のない戦争に手を出さなくてすむ、という寸法である。六月始め、イスラエルに対する武器の主たる提供国フランスは、こうしたナセルの読みを裏付けた。フランスは、先に攻撃を仕掛けた国を支持せず、問題の解決は四大国によって図られるべきだと宣告した。しかし国民の怒りに動かされて、是が非でも即刻封鎖を終わらせようとして下したイスラエルの決断を、ナセルは誤解した。攻囲され、明らかに破壊の脅威にさらされたイスラエルに対する西側諸国の世論にある同情の流れを、彼は無視した。なかんずくアメリカの現実的立場の認識を誤った。アメリカは交渉による解決に賛成で、積極的に外交的合意を目指していると信じられたが、実はアカバ湾の封鎖こそは、イスラエルも見極めている開戦事由だと考えていたのだ。

（1）かつてシャルム・エル・シェイクは辺鄙な漁村だったが、シナイ半島の南端にあり、アカバ湾の入り口であるティラン海峡に面するという戦略的位置からエジプト海軍の基地が置かれるようになり、しばしば戦場となった。一九五六年のスエズ危機ではイスラエル軍により急襲され占領されたが、翌一九五七年にエジプトに返還された。しかし、シャルム・エル・シェイクは一九六七年の第三次中東戦争でイスラエル軍に占領された。一九七九年のエジプト・イスラエル平和条約でシナイ半島がエジプトに返還されることが決定し、この地は一九八二年にエジプトへ返還された。

一九六七年六月五日未明、イスラエルはエジプトとその同盟国ヨルダンとシリアに対し戦闘を開始した。六日後、その勝利は決定的となった。シナイ、ヨルダン川西岸（古都エルサレムとそのアラブ人街を含む）、ゴラン高原が制圧された。この戦争は近東現代史の転換点となった。イスラエルは、自国民の目にもアラブ人の指導者たちの目にも（たとえ彼らが公式には何といおうとも）、支配的な地位を固めたことは明らかになった。ヨルダン川西岸とエルサレム東部ならびにガザは占領され、イスラエルとパレスチナの関係が変わることが求められた。それによって地域における諸大国の役割は改められた。結局アメリカは、イスラエルの一部の指導者が望んだように、イスラエルへの軍事物資の配布によってフランスに取って代わり、ソ連が「進歩的な」アラブ諸国でその立場を強化する一方、アメリカはイスラエル－アラブ紛争の不確かな解決に向かってつねにフランスより進んで介入するようになった。

国連安全保障理事会が決議二四二号[1]を意図的に曖昧にされたイギリス案において採択した後[2]、ナセルはイスラエルとの消耗戦に入った。この戦いは失敗したが、パレスチナ人の運動は強化され、一九六八年、新たなPLOとして再組織され、アラファトが議長となった。さらにファタハが加わり、PLOは信託統治の全領域をアラブ人のパレスチナとする要求を貫徹させるため、地球規模のテロリズムを使う自発的な戦略を採る道を選んだ。だがそうした道に進みながら、彼らはパレスチナ国家成立の観念に対する世論や司法省当局の信頼を徐々に固める一方、自らは国家のなかの国家のように振る舞うことによって、銃後の支えともいうべきアラブの国々を弱体化させていった。レバノンは、呼応して動くにはあまりにも政治的に弱すぎる国だ（レバノンではこうした無力な状態において内戦がおきた）[3]。他方ヨルダンは、国王に絶対的な忠誠を守っている軍隊を考えると、呼応可能な国である。一九七〇年九月、ヨルダンはパレスチナの地上施設を破壊した。この「黒い九月」と呼ばれる戦いで、ハーシム家は多量の血を流して、王権の独立を回復することに成功した。

（1）この宣言は国際連合安全保障理事会決議二四二号にもとづき多国間交渉をPNC（パレスチナ民族評議会）が求めたことに伴って行なわれた。この呼びかけは「二か国解決」の受容を暗示し、もはやイスラエルという国家の正当性を問題にしない「歴史的妥協」と後に言われた。宣言の結果として国際連合総会が召集され、PLO議長ヤーセル・アラファトは演説するよう招待された。総会決議が「一九八八年十一月十五日のパレスチナ民族評議会によるパレスチナ国の宣言を承認して」採決され、さらに「パレスチナという名称が国際連合体制でパレスチナ解放機構という名称の枠内で用いるべきである」ことも決議された。

（2）第三次中東戦争の戦後処理のため、一九六七年十一月二十二日に国連安全保障理事会で採択された決議。前文および本文四項から成り、前文では戦争による領土の取得を否認、中東のすべての国家が安全に生存しうるような公正かつ永続的平和確保の必要性を強調している。

（3）著者は前後関係を無視して時制をすべて現在形で書いて分かりにくいが、宗教・民族対立にパレスチナ勢力がからんだいわゆるレバノン内戦が勃発したのは、一九七五年からとされる。KS, p.175.

ナセルの死（一九七〇年九月二十八日）は、アラブ世界に強い衝撃をもたらした。アラブの大儀のカリスマ的旗手たる彼のイメージを守るこの世界にとって、彼の死は同時に一つの時代の終わり、汎アラブ主義の夢の時代のすべてが終わることを予感させた。

■ヨム・キップール戦争

軍事を優先するあまり妥協的提案に一切耳を貸さなくなったイスラエルと対決するエジプトの新大統領アンワル・アル＝サダトは、いったん国内的にも対外的にもその地位（サダトはイスラム世界ばかりでなくサウジアラビア、アメリカにも接近した）が固まり、ソ連から豊富な物資を提供されて軍隊が再編されたとたん、シリアとの合意の上で、イスラエルとの「全面」戦争を開始することに踏み切った。

一九七三年十月六日、キップールの日のラマダンのさなか、二つの前線（スエズ運河とゴラン高原）で攻撃が始まった。イスラエル国防軍は甚大な損害を被り、二つの前線から撤退を余儀なくされた。こうした緒戦の敗北と武器備蓄の払底に苦しんだイスラエルの指導者たちは、アメリカに高性能の武器を大量に配備してほしいと申し入れた。その結果、航空機によるピストン輸送で得た武器により、北部ではゴランを奪回してダマスカスに進撃し、南部ではスエズ運河を渡り、エジプト第三部隊を包囲して、イスラエルは劇的な逆転に成功した。反撃は一九七三年十月二十五日をもって収束した。激戦を制して新たな勝利を得たものの、戦い終えて国は弱体化していた。国内政治について世論は、「不敗のイスラエル国防軍《ツァハル》」に対する政府の過信を酷評した。首相ゴルダ・メイアは辞任せざるを得なくなり、六日間戦争の英雄の一人ラビンがその職に就いた。たしかに労働党は国家創立以来政権を保ち続けているが、その命運は尽きかけており、一九七七年五月の選挙ではメナヘム・ベギンに率いられる右翼との同盟派が勝利した。この紛争を外側からみた場合、イスラエルはこれまで追求してきた一九六七年の敗戦国に対する非妥協的で傲慢な政策をこのまま続ければ、彼らに対して一層苛酷な紛争を繰り返さざるを得ず、同時にアメリカに全面的に依存することになるのは明らかだった。アメリカとヨーロッパについていえば、アラブの産油国が下した出港禁止命令（一九七三年十月十六日）と、それに続く石油の高騰に苦しみながら（西側諸国家だけが苦しんだわけではないが）、これらの国々はいかに近東への自国の依存度が高いかを思い知った。となれば彼らは、イスラエルとアラブ世界全体に広がるその隣国との関係を、今後十分考慮していかなければならないのだ。

こうした状況においてイスラエルは、一九七一年の場合と同様、サダト大統領が彼らに提案した和平の条件を、おろそかに扱うわけにはいかなかった。サダトは一九七七年十一月二十日、イスラエルの立法府《クネセト》を電撃的に訪問して演説し、その条件を提案したが、それは電撃的であると同時に、実に勇気ある訪問だった。というのも、アラブ人は一九七三年十月の最初の勝利ののち多少勝ち誇って石油という武力を評価したとしても、その大半はイスラエルとの関係を正常化しようという気持ちはまったくもっていなかったのである。アメリカ大統領ジミー・カーターはこの点で大変根気よくイニシアチヴをとり続け、キャンプ・デーヴィッドの頂上会談〔TM, p.350〕の後、ワシントン条約（一九七九年三月二十六日）にたどり着いた。これによって初めてイスラエルとアラブ諸国のなかで最大の国とが関係正常化のための条約を調印した。

一九七九年四月になるや近東のアラブ諸国は、この条約を一致して非難し、一九七九年四月になると汎アラブ主義的制度からエジプトを排斥するに至った。というのも彼らはこのようなイニシアチヴを彼らの側の誰かがとりたいと望んだとしたら、それはその者にとって致命的な打撃をもたらすことになるということを知っていたからだ（不幸にしてその運命は、一九八一年十月六日に暗殺されたアンワル・アル＝サダトに降りかかった）。このことはイラン革命（一九七九年三月）によって彼らが直面した国内の困難の数々を考えれば分かることで、しかもこの革命から生じた近東全体の不安定要因は、一九七五年以来レバノンに吹き荒れていた内戦の結果と重なってしまった。結局、条約締結以降イスラエルとの紛争においては、彼らはつねにこうした事実をＰＬＯを含めて考慮していかなければならなくなったのである。

■ＰＬＯ

ＰＬＯはいまや一人前の役者となり、あらゆる紛争解決の過程において避けて通れない存在となった。それでもＰＬＯを無視するふりをしているのは、イスラエルだけであった。アラファトはラホールで開かれたイスラム諸国会議（一九七四年二月）で、参加三七か国に、ＰＬＯを「パレスチナ民族の唯一の代表団」として認めさせることに成功した。これを受けてラバトで催された会議（一九七四年十月）で、アラブ諸国は、ＰＬＯが「パレスチナ民族の唯一合法的な代表」であると宣言した。そして最後に国連は、一九七四年十一月十三日、アラファトに発言の場を与えると同時に、ＰＬＯにオブザーバーの資格を認めた。ＰＬＯは、信託統治領の全域に広がるアラブ国家の地位を代表し、この立場は、一九八九年五月二日にアラファトが信託統治制度を「時代遅れの代物」と断ずるまで続いた。

ＰＬＯはレバノンの内戦に最初から介入して近東の新たな暴力的な亀裂となったが、同時にそれはアラブ勢力の真っただ中に生まれた亀裂でもあった。

レバノン内戦

西側諸国の人びとがみたがる「現代レバノン」の顔は、一九四九年以来アラブ－イスラエル紛争とは無縁の、繁栄し安定した顔だが、いわば「近東のスイス」は実は独立後に深刻化してきた矛盾、その政治組織をもってしても解決し得ないようなさまざまな矛盾に蝕まれている。そうした深刻な問題の最大の原因は、レバノンの大地に存在する三〇万ないし四五万人のパレスチナ難民（すなわちレバノンの人口の一〇ないし一五パーセント。彼らの指導者たちは「黒い九月」以降、ベイルートを司令部として利用している）の存在である。なぜならば彼らは保守的なキリスト教徒を犠牲にし、宗教上あるいは政治上のバランスを狂わせることによって、古くからある亀裂をいっそう広げているからだ。一方で、普通のイスラム教徒や、大半がパレスチナ人の進歩派と絆を結びつつ戦っているドルーズ派信徒、他方で、社会的にも政治的にも現状維持を守り、前者を追放しようとするキリスト教徒とのあいだのバランスである。両者の闘いは熾烈だが、戦況は数においてパレスチナ側より劣る勢いで戦《いくさ》下手なキリスト教民兵側に不利に傾き、それが最初の外国軍の介入を招いた。すなわちキリスト教徒を応援したシリア軍（一九七六年）は、イスラエルによって接近を禁じられたリタニ川南の国境付近を除くレバノン全土を抑えた。とはいえシリアの後見は、かつての「大シリア」の悪夢を恐れるキリスト教徒にとっては重圧となる。一方シリアは、サダトのエルサレム訪問〔一九七七年〕後、イスラエル－エジプトとの協調から生まれる孤立化を恐れ、キリスト教徒との同盟関係から離れて、敵対するパレスチナの進歩派やPLOに接近したいと考えた。

イスラエルはキリスト教民兵組織の求めに応じ、武器や物資を供給したが、紛争に直接介入する気はなかった。一九七八年三月半ば、イスラエル北部におけるパレスチナ軍突撃隊の決死の作戦が展開された後（死者三七名、うち大半は市民）、イスラエルで新たに政権を獲得した右翼同盟は、断固たる決意を示そうとして、イスラエル国防軍にリタニ川までのレバノン南部を占領せよと命じた。この「リタニ」作戦は残虐を極め、これを非難した国連はUNIFIL〔国連レバノン暫定軍〕を同地域に強制的に介在させた。

レバノンでは民兵組織の狩り込みがしばしば行なわれる一方、ガリラヤではパレスチナ軍の爆撃が繰り返された。一九八二年春、占領地〔ガリラヤ〕が民族主義的興奮に包まれると、イスラエル政府の首班に戻されたベギンはレバノンに介入することを考えた。彼はガリラヤの沈静化を狙いつつ、PLOを叩きのめそうとしていた。六月始め、ロンドン駐在イスラエル大使に対し、PLOの政敵アブ・ニダルの組織によって暗殺が企てられ、同月六日、「ガリラヤ平和作戦」が開始された。イスラエル軍はレバノンに浸透し、六日後、ベイルートの手前に達し、同市を攻囲した。アメリカ大統領の特使フィリップ・ハビブに見守られながら、籠城するパレスチナ兵を撤退させるための交渉が進められた。撤退は八月初頭、急遽編成された多国籍軍の保護のもとで完了した。しかしレバノン大統領バシール・ジェマイエルは九月十四日暗殺され、それが原因といってもおかしくない血で血を洗う対立が起こる。さらにそれにかこつけて、ベギン政府の防衛大臣アリエル・シャロンがベイルートに入った（九月十四日）ために事件となり、世界中に計り知れない興奮を引き起こした。イスラエル軍に囲まれたサブラーとシャティーラのパレスチナ人キャンプでは、キリスト教の一組織レバノン軍団が、ツァハルが何の反応もしないなかで、恐るべき殺戮を行なった。(1) この事件がイスラエルに与えた衝撃は大きかった。政府は大規模なデモに直面したが、それは膨らみゆく不安と恥の混じったイスラエルの一部の人びとの意見を反映していた。彼らは子供を失い、出口のない戦争が繰り返されるたびにイスラエルがその精神を少しずつ失っていくのを痛感していた。兵力に全面的に依存する手法とは別の道が探られ、近東に平和と安全を保障していかなければならない。そういう意識の芽生えがみえてきた。

(1) サブラー・シャティーラ虐殺事件。一九八二年九月十六日から十八日にかけて行なわれた、レバノンの親イスラエル政党「ファランヘ党」などで構成される民兵組織「レバノン軍団」によるパレスチナ難民の大量虐殺事件である。この虐殺での犠牲者数は一千人から五千人といわれている。SD. p.558-559.

ベイルートのイスラエル軍を撤退させるために、新たに多国籍軍が編成された。しかし他にもイスラエル軍は各地に残っていて、ますます凶暴になっていくゲリラ戦（とくにイランの革命的シーア派に啓発された「神の党（ヒズボラ）」と南部で交えるゲリラ戦）に対処しなければならない。しかもその背景には、近東のアラブ全体に覇権を振るおうとするシリアがかき立てるさまざまな共同体間の不断の抗争があった。一九八三年十月、恐るべきテロがフランス派遣部隊（五六人死亡）とアメリカの派遣部隊（二三九人死亡）を襲った後、多国籍軍は出発した。続いてアラファトとその兵士二千人がトリポリからチュニスに向かって撤退し（一九八三年十二月）、イスラエル軍が引き揚げを段階的に完了した（一九八五年六月。ただし国境線に沿った幅一五キロから二〇キロの安全地帯は除く）。これら一連の撤退は、シリアの思惑に役立ったように思われる。しかしそれらの思惑は、それらが支えてきた熱狂を高め、衝突するシーア派の民兵組織アマルのキャンプとパレスチナ人難民キャンプとのあいだの「キャンプ戦争」は、一段と凄惨を極めた。[1] アラブ同盟による仲介でレバノン代表から得られたターイフ合意[2]にもかかわらず内戦は続いたため、「友好、協力そして協調」にもとづく条約によって認められるべきシリア軍の監督権は一九九〇年秋まで確定されず、条約が調印されたのは一九九一年五月であった。レバノンはその後今日にいたるまで生気を失い、地政学の舞台から遠ざけられている。

（1）一九八六年には再進出したシリア軍とアマルによるパレスチナ・キャンプへの攻撃が行なわれた。なかでもPLO支持の難民キャンプを包囲し、アマルはキャンプに対する飢餓作戦と執拗な銃砲撃を加えたため、多数のパレスチナ難民が死傷することとなった。

（2）一九八九年十月二十二日に国民和解憲章（ターイフ合意）が成立。KS, p.278.

占領地域の植民地化

占領地域の植民地化は、一九六七年の征服戦争〔第三次中東戦争〕の直後から始まった。その開始の動機は戦略的であると同時にイデオロギー的であった。一方、イスラエル政府はヨルダンに対して防衛線を固め、ヨルダン川を見下ろす高台にいくつかの小植民地を建設したいと考え、アロン・プラン[1]の枠組みにおいてそれを奨励した。他方、六月の「聖なる」勝利が広げた宗教シオニズムの刺激を受けて、いくつかの入植が、イスラエルやとくにディアスポラ〔ユダヤ人離散民〕たちのあいだに定着した。エルサレムでは旧都内に再整備された「ユダヤ人」街における再入植や市外の北部と南部の区画が新設された。一九六七年六月二十八日の後に決定された「エルサレム再統一」を、不可逆的なものとするのが目的であった。しかしエルサレム以外への入植は費用が高くつくこと、目的地が遠くて治安に不安があることなどの理由であまり進展しなかった。一九七八年、ヨルダン川西岸（エルサレム東部は除く）の植民は六千人、ガザ地区は一千人であった。「大イスラエル」の旗をつねに掲げてきたベギンは、エジプトとの平和条約調印まで慎重に構えていたが、同盟者で布教熱心なシオニストたちに押されて、占領地植民地化を強く進めていった。財務省から支給される潤沢な財政援助、道路建設をはじめとするインフラの確立などのために、農相アリエル・シャロンは精力的に奮闘した。一九八三年、入植者はすでに二万人に達し、ユダヤ地方の居住地二六（一九七三年には六）、サマリアの居住地七〇（同じく一九七三年、一〇）にそれぞれ分かれて定住した。この頃から、入植者たちは人口の割合とは比較にならない大きな政治的加重を与えられるようになった。そのため宗教シオニズム党は議会で多数派を占め、植民地化が問題視されるようになるや、ただちに政権が覆されるようになった。だからこそ一九八〇年に若干の過激派がヘブロンの（こともあろうにユダヤ教やイスラム教が等しく敬う長老の墓を祀るだけでなく一九二九年にポグロムが行なわれたがゆえに何とも過敏になっているこの都市の）中心に定着したとき、すでに一九六七年以来ユダヤ教徒の傀儡ともいうべきベギンは入植者を立ち退かせるためではなく、庇護するためにイスラエル国防軍を派遣したのだ。それゆえイスラエル国家と近代性がもたらす恵沢を享受する入植者と、それに預からないどころか大地を奪われ、活動の自由を制限されたパレスチナ人とのあいだに、この「共存」が引き起こした緊張が高まっていく。にもかかわらず、植民地化は情け容赦もなく今日まで続けられてきた。二〇一五年、入植者は七〇万、うち三〇ないし三五万はエルサレム東部に、残る四〇万は領土の五パーセントに満たないヨルダン川西岸に二三二の入植地《コロニー》に分かれて住みながら、四二パーセントの地域を支配している。ガザ地区では入植者七千人が二〇〇五年夏に立ち退かされたが、彼らは領土の三〇パーセントを占めるのに対し、一六〇万のパレスチナ人は残る地域に詰め込まれ、世界でも有数の人口密集をなしている（一平方キロあたり四千人以上）。こうした状態は、当然和平交渉とその躓きの石あるいは連鎖的な暴力の原因となり、それらは一九八七年末の真正の反乱、すなわちインティファーダに通じていった。

（1）アロン・プランはイスラエル国がヨルダン・ハシミテ王国に提示した領土分割交渉案で、一九六七年六月の第三次中東戦争の直後にイスラエルの副首相イーガル・アロンにより提唱された。アロン・プランは、「ラビンがアラファトと交渉を開始するまで、イスラエルの非公式政策としての役割を持った」。MD. p.552.

（2）「六日間戦争」の勝利を指すか?。TM. p.346.

インティファーダ――揺れ動くアラブ

インティファーダ〔反乱〕は、当初、領土内のあらゆる階級の不満の堆積《たいせき》から生まれた自発的な運動であった。すなわち積もり積もった不満に一つの余計な事件（一九八七年十二月九日、イスラエル人のトラックとパレスチナ人の乗用車が衝突し、四人の死者を出したガザの事件）がきっかけで、不満が爆発したのだ。インティファーダはパレスチナの青少年にいわせれば、イスラエル占領軍に毎日石を投げて嫌がらせをする程度のことを意味した（それゆえこの戦いは「石合戦」と呼ばれた）。だがそれだけでは終わらず、カクテル・モロトフすなわち火炎瓶や白刃も使われるようになった。これに対しイスラエル軍のほうは、こうしたタイプの反乱に対する準備も装備もなかったので、かえって残虐な弾圧を行なった。イスラエル側の資料によれば、一九八八年末、インティファーダは三四〇名の死者と七千名の負傷者を出し、さらに二万六千人が逮捕され、五六〇〇人拘留された。しかし同時にインティファーダのイメージがつくったイスラエルにきわめて否定的な国際世論に利せられたPLOは、そのイスラエルを承認することによって（ジュネーヴ、一九八八年十二月）政治的利益を得たが、それより前の一九八八年七月末に、ヨルダン国王フセイン一世がパレスチナ領土権の主張を放棄して以来、紛争解決になくてはならない当事者となっていた。一九八八年十二月十四日、アメリカは、テロを放棄するという条件でPLOと話し合う用意があることを表明した。とはいえいまだ二つの問題が残っていた。パレスチナ側についていえば、PLOはイスラム主義者、とくにインティファーダのなかから生まれたハマースの問題を考えなければならない。なぜならばハマースは盲目的なテロを含むありとあらゆる手段を使って、イスラエルを滅亡させることを狙っているからだ。イスラエル側のほうは、たとえPLOとの対話という案が一般の意見に浸透したとしても、続く政府はそれを拒否し、領土の植民地化とインティファーダの弾圧を追究していくかもしれない。こちらのほうは、まずペレストロイカとソ連の崩壊という世界の均衡を覆すような事件がまずあり、ついで湾岸戦争の後、初めてアメリカの覇権が明確に確立し、新たな展開が生まれた。

周辺の紛争

すでに触れたヨルダンやレバノンの対イスラエル紛争とは別に、さまざまな紛争が、シリアとイラクにも影響を及ぼしている。もちろんこれら二つの国々にとって対イスラエル紛争は、経済的（軍拡競争の費用）、文化的（イスラム主義的言説の過激化）、政治的（アラブの主導権を求める戦い）などの影響において無関係な問題ではないが、両国にとってはそれぞれに特殊な要因のほうが、より決定的に重要なのである。たとえばシリアでは、一九八一年から三年に及ぶ内戦が吹き荒れ、その結果、イランのイスラム主義的シーア派と手を組んだアラウィー派とバアス党の権力が、スンニ派のイスラム主義派と対立することとなった。この権力による残忍な弾圧やテロという手段の援用は、体制の永続化を可能としたかもしれないが、その実践によって体制は国際的な舞台で孤立化に追い込まれた。

イラクではクルド人の問題が、慢性的な症状を呈していた。オスマン帝国の崩壊後、クルド人は、列強がかつて彼らから奪いながら、返還を約束した国家を要求した。彼らの領土は、最終的にトルコ、イラン、イラクのはざまにあって列強により分割された地域とされ、これらの国々の標的となった。たとえば一九七四年、イラクのクルド人は再び蜂起した。イランは彼らの後方支援を行ない、イラクがアルジェ協定（一九七五年）にもとづいてアラブ語族の住むシャットゥルアラブ川西岸の主権に抗議しなくなるまで、この支援を続けた。サダム・フセインはその気になればクルド人の反乱を潰せたかもしれない。しかし彼は一九七〇年代半ばからもう一つの急進的勢力すなわち革命的シーア派（イラク人の半分はシーア派）と対決しなければならなかった。容赦ない弾圧にもかかわらずこの〔クルド人の〕運動は同じイデオロギーに啓発されたイラン革命に援助と活力を見いだした。こうした動きとかつての領土問題の当事者とが結ばれて、一九八〇年九月にイラン－イラク紛争が勃発し、八年後の一九八八年八月、国連の庇護のもとで調印された停戦決議まで続いた。この戦争は、その多大な人的経済的被害（一説では一〇〇万人の死者が出たとされる）ならびに国境の原状回復の負担は別としても、近東に数々の影響を与えた。たとえばサダム・フセインは、イランに対し駄目押し作戦を仕掛けたが〔TI. p.552-554〕、それは「アラブ国民の勝利」はすなわちアラブ世界をリードし、同意された犠牲の代価を受け取ることを意味したからだ。湾岸の石油王国から要求した財政上の便宜を得られなかった彼は、一九九〇年八月二日、かつて一九六三年にイギリス軍が撤退する際にイラクが併合を要求したクウェートに進攻した（その口実は、クウェートがオスマン帝国時代バスラ州に属していた[*7]、というものだった）。イラクのサダム・フセインが飛び込んだ冒険は、近東を構成している国々のあいだで膨らんでいく富の格差がどれほど大きな分裂の種となっているかを、生々しく象徴していた。

一九九一年、アメリカの覇権

民間部門でも軍事部門でも技術的に発展をみた近東は、ソ連の脅威の消滅とともにその地理的地位の価値が弱まっていくのを知ると、地政学的重要性というもう一つの根拠も失われていくのを感じた。アメリカからみれば、そこに残っているのは湾岸地域の石油の利権という大きな獲物である。アメリカ側にとっては、彼らが庇護する湾岸諸王国の領土的統一を保障し、安定性を守ることは絶対必要なことだった。一九九一年の対イラク戦争は、アル＝サバーハ家の主権をクウェートに回復することを目的としていたが、そうした必要性にも呼応していた。他方「アンチ・サダム」同盟の編成（国連安保理決議六七八号の枠内で行動する三七か国）から始まって〔湾岸〕紛争（一九九一年一月から二月）さらにクウェート解放にいたるまでの危機全体を通じて、アメリカはバグダッドまでは進まず、サダム・フセインが権力を保持するのを見すごしたが、アラブ－イスラエル紛争に対して不決断でいることが、アメリカの行動をややこしくしていると確信した。地上で最もメディアに注目されるようになった地点で、いまやアメリカは、たとえどんなに複雑であろうとも、アメリカが解決できない紛争は存在しないことを証明しなければならなかった。

マドリード会議

アメリカは、イスラエルとパレスチナを初めて公式の参加国とする国際会議の立ち上げに成功した。

会議はまず一九九一年十月三十日から十一月一日にかけてマドリードで開催され、ついで十二月からはワシントンで継続された。アメリカは、当時選挙戦のさなかにあったイスラエルに圧力をかけたが（ジョージ・ブッシュ政府は、ソ連からの入国者の流れに対して入植を凍結させるために要求された借款の銀行保証額を一〇〇億ドルに抑えた）、具体的には大した成果はなかった。リクード党の敗北と労働党の台頭、イツハク・ラビンの首相就任（一九九二年六月）などによって状況は打開された。占領地域における入植の融資は切り詰められた（アメリカは一転して、銀行保証を承認した）。イスラエル人のPLOとの接触を禁じた法律は、クネセトによって一九九三年一月二十日をもって廃止された。その翌日、早速オスロにてイスラエル人とパレスチナ人の秘密交渉が始められた。[*8] これと並行してマドリードとワシントンのプロセスの枠内で公式の議論も交わされた。

オスロ合意

八月末、オスロで合意が成立したことが発表された。[*9] イスラエルとPLOはただちに相手を承認しあった。一九九三年九月十三日、ワシントンにおける「原則の宣言」の調印の際、ラビンとアラファトが握手を交わしたことはよく知られている。「宣言」は、両当事国に「五年以内に紛争の決定的解決を目指す」という高い目標を設定していた。これを成功させるために、パレスチナ自治政府への権限移譲とヨルダン川西岸とガザ地区への段階的管轄範囲の拡大とが予定された。にもかかわらず最も厄介な問題、すなわちエルサレム、入植、軍事的拠点などの問題の精査は、最終的地位交渉に先送りされた。両陣営の過激派による活発な動きや殺人的な暴力沙汰があったにもかかわらず、オスロで決められたプロセスを覆すまでには至らず、パレスチナ自治政府への権限移譲に関する協定は、一九九四年八月に合意に達し、一九九五年九月ワシントンで調印された。オスロ合意Ⅱと呼ばれるこの協定は占領地域をA、B、Cの三つに分け、A地区ではパレスチナの権限が排他的に、B地区では権限が安全保障に関してはイスラエルの権能、それ以外はパレスチナ自治政府の権能と分割的にそれぞれ行使され、C地区ではイスラエルが排他的に権限を保持するものとし、すべては最終合意を待つのみとなった。その一方、イスラエルとヨルダンは格別友好的な雰囲気のなかで平和条約が締結され、またイスラエルはシリアと交渉する構えをみせていた。

Ⅲ　曖昧な空間――一九九三年から二〇〇一年まで

イスラエル－パレスチナ交渉では、まだ語られていない部分がたくさん残っており、両当事国の底意は消え去ったわけではなかった。オスロで決められたプロセスは平和の原動力をつくりだすことを狙ったが、その平和の発信はあまりに時機を失し、もはや不可能と思われかねなくなっていた。イツハク・ラビンはこの力の権化であったが、彼の死は力関係を一転させ、むなしい希望の時代が始まった。

ラビン暗殺後、両義的なイスラエルの意図

一九九五年十一月四日、ラビンが若いユダヤ人で過激正統派によって暗殺された事件は世界中を震駭させた。イスラエルの受けた衝撃は計り知れないほど大きかった。イスラエルの世論にみられる混乱と次期クネセト選挙の見通しとに乗じて和平プロセスに反対するパレスチナ人と、ハマースやジハードのイスラム主義者は、イスラエルの民間人に対するテロをしきりに繰り返していた。イスラエルの右翼の指導者ネタニヤフは、平和も安全ももたらさない領土放棄のプロセスを告発した。ラビンの後を継いだシモン・ペレスは右往左往する選挙民に、自分は平和的人間であるだけでなく（彼はラビン、アラファトとならんで、一九九四年にノーベル平和賞を受賞していた）、断固たる意志の人間となり得ることを証明した。(1) ヒズボラによるガリラヤ空爆に対抗して彼は「怒りの葡萄作戦」の実行を決意し、レバノンを全方位的に叩いた。しかし作戦は失敗に終わった。UNIFILキャンプへの砲撃は一〇〇名の死者を出し、世界中の怒りを買った。(2) シモン・ペレスはこの介入が終わったとき、政治的にはさらに弱い立場に立つこととなった。

（1）ペレスはネタニヤフよりも柔軟でハト派であるとみられ、アラブ世界を含めた国際世論もペレスの勝利〔首相公選〕に期待をかけてきた。しかしこの期待は裏切られた。KS. p.248.

（2）南レバノンではUNIFILに逃げ込んだ民間人九一人がイスラエルの砲撃で爆死し、国際的に大問題となった。KS. p.250.

ネタニヤフが一九九六年五月二十九日の選挙で勝ったのは、たしかに当然であった。しかし彼はただ

ちにジレンマにぶつかった。オスロ・プロセスを敵視していた彼も、その生みの親がアメリカとあっては文句をいうことはできない。彼の戦術は、占領地域の植民地化を推進することによる拡大戦法なのだ。ところがクリントン大統領によって占領地域から新たな撤退の承認（一九九八年十月のワイリバー・プランテーション合意）を強いられて、彼は選挙基盤からは不満を買い、しかも和平派を喜ばせもしなかった。政治的失敗から、ネタニヤフは一九九九年の選挙で救いがたい敗北を喫した。

労働党候補者エフード・バラクが勝ち得た勝利から生まれた計り知れない期待は、たちまち裏切られた。彼がまとめた議会の同盟からみても分かるように、バラクの政治は両義的であった。戦略（シリア、レバノン、パレスチナ自治政府に対する）の優先順位に一貫性がなく、オスロ合意で定められた日程の遵守の遅滞、キャンプ・デーヴィッドの頂上会談における朝令暮改（パレスチナ側の交渉人たちの採った立場からからみれば、当然のやり方だが）、さらにこの会談の失敗とその後の第二次インティファーダの始まり（二〇〇〇年九月）、占領地域のデモに対する激しい弾圧と、タバ（アカバ湾に面したイスラエルとの国境に近いエジプトの都市）におけるパレスチナ人との合意達成を求める意思表示とのあいだにある齟齬など、すべてはエフード・バラクの失墜へと通じていった。

しかし、多くのイスラエル人が投げやりになり意欲を喪失したのには、パレスチナ自治政府が採った立場の曖昧さ、オスロ・プロセス、あるいはアラブ諸国やアメリカの立場、あるいはアメリカ以外の大国（EUやロシア）が埒外におかれたことなどにも原因がある。

パレスチナ自治政府の立場の曖昧さ

キャンプ・デーヴィッドやタバでパレスチナが採った立場、ならびに「第二次インティファーダ」開始時におけるその態度は、イスラエル側に多くの問題を提起した（キャンプ・デーヴィッドとタバにおけるバラク政府の外相シュロモ・ベン＝アミの判断は、格別厳しかった）[*10]。さらに世界の各地でパレスチナ人に領土問題で和解したり、期限内に妥協する意志は本当にあるのかどうかという疑問が起こった。実際キャンプ・デーヴィッドとタバの失敗はパレスチナ自治政府を二分し、マフムード・アッバース（通称アブー・マゼン）のようにイスラエルとの紛争は政治的紛争であり、したがって政治的手段によって解決されなければならないと考える人びとと、アラファトのように、和平プロセスの凍結に対する国民の怒りと果てしなく続く貧困のゆえに武力闘争への回帰は避けられないと考え、その怒りを利用してイスラエルに圧力をかけようとする人びとに分かれた。イスラエルはこうした国内の矛盾の責任をひとえに自治政府の議長の人格のせいにした。彼らからみれば、アラファトは二枚舌の男で、彼は一方で自爆テロを非難しながら、同時にカミカゼの遺族に弔意を表しているとされた。イスラエル政府は大半のユダヤ人に支持されながら、アラファトは今後和平プロセスを期限内に終結させるために話し合うべき相手ではないという結論を得た。

オスロ合意の曖昧さ

さてインティファーダ再開以後、パレスチナ側の議論にある曖昧さは、事実上、両陣営がオスロ・プロセスの期間中抱いていた曖昧さを先送りにする役目を果たしたにすぎない。イスラエル－パレスチナ交渉にみられる非対称に加えて、[*11] 交渉の出発点の腹づもりが重なったわけである。パレスチナ側にとってイスラエル国家の承認と、委任統治領パレスチナ全体の要求放棄とによって、あらかた妥協はすんでいると考えられた。それゆえ一九四八年に残されたヨルダン川西岸、ガザ地区、エルサレム東部に対する主権は、彼らの心中では文句なく自国のものだと考えられた。イスラエル人にとっては一九六七年の国境は、反対に、見いだすべき妥協の端緒となるはずであった。説明の拒否は部分的には戦略的なものだったが、同時にそれが不文律的領域だからでもあった。一方の展望は、他方のそれが否定されたところから形成される、そんな状況が双方の側にあった。ユダヤ人にとって「神殿の丘」とは何か？ シャルル・エンデルラン[*12]が報告するようなモスクの広場はイスラム教徒にとって何を意味するか？ そうした問題を巡ってタバの交渉者のあいだで交わされた聞く耳を持たない対話のような議論が、不幸にもそのことを証明しているのである。

アラブ諸国の言論にみる曖昧さ

「新たなインティファーダ」による暴力行為の再開後、占領地域において振るわれたイスラエルの弾圧をアラブ諸国は一致して非難したが、この暴力行為は正当とはいえないとしても、少なくとも不可避という以外なかったろう。同時にユダヤ人国家を破壊せよという檄は、それを決して承認しなかった人びとにとって、額面どおり受け取られて何ら驚くに値しなかった。他方、数年来報告されながら、オスロ・プロセスの凍結によって初めて公表された報告は注目しなければならない。すなわちイスラエルの承認に同意して調印した当のアラブ諸国は、国内向けのメディアがイスラエル国家の合法性を否定する立場を常時表明するに任せ、単純で純然たる反ユダヤ主義が中心問題となっていない場合でも、反シオニズムの熾火《おきび》を育て燃え上がらせた。さらに厄介なのは、アラブの大学のあいだに広く流布した態度である。それは、たとえば「シオン賢者の議定書」[*13]のように西側諸国から借りた最悪の議論とまではいわないとしても、イスラエルに対する最も激烈な憎悪に満ちた立場となった。

アメリカの立場の曖昧さ[*14]

近東という舞台にアメリカが占める位置――一九六七年以来アメリカがイスラエルに与える切れ目ない財政的軍事的援助、多くの場合自国の体制の永続性がその善意に依存しているアラブの国々へのアメリカの影響力、ソ連崩壊後のアメリカの超大国としての立場――そうしたすべてが相まってパレスチナ問題の解決における第一級の役割がアメリカに託された。しかるに任期末期の混乱によって、クリントンの政治力は弱まり、キャンプ・デーヴィッドで、ついでタバでも会談を合意へ結びつけることができなかった。交渉から遠ざけられていたヨーロッパやロシアも、その推進力とはならなかった。

Ⅳ　揺らぐ伝統の継承、混迷する展望——二〇〇一年以降

肥大するイスラエル‐パレスチナ紛争

▦右傾化するイスラエル政府

二〇〇一年にイスラエル首相に選ばれ、二〇〇三年に再選されたシャロンは、紛争の政治的解決を再度可能とするには、パレスチナがアラファトと手を切らなければならないと考えていた。したがって、当面イスラエルは力ずくでテロを根絶させなければならない、と。一つの論理ではあったが、それは月を追うごとに現実味を帯びていった。しかし「第二次インティファーダ」に対するきわめて厳しい弾圧や植民地化の加速化、二〇〇二年に始まりヨルダン川西岸を越えて敷かれたイスラエル‐ヨルダン間の「分離壁」の建設などに並行して、シャロンは、中道派すなわち「パレスチナ国家承認派」として二〇〇三年の選挙キャンペーンを行なった（もちろん実際には彼のいうパレスチナ国家はヨルダン川西岸の四一パーセントで、そのうちの少なくとも半分はイスラエル植民の手に握られ、国境と飛行区域はイスラエルの監視下に置かれる）。シャロンは「平和解決を達成するための痛みを伴う対策」について触れ[*15]、さらにこう付け加えた。「私は問題の解決を成功させるべく、あらゆる努力を払うことを決意しました。私はさまざまな感情を乗り越えて、合理的に解決を実現する必要を感じています。……我々の全歴史が、ベツレヘム、シャイロー、ベイテルの地に執着しています。私はこれらの地のいくつかが、

我々から切り離されなければならないことを知っています」。これらの意図は撤退（二〇〇五年夏のガザ地区からの全面撤退）によって具体化されていくことになった。シャロンが本気でそう望んでいたとしても、彼はそれ以上先には進まなかったろう。彼は二〇〇六年一月、脳卒中に襲われた。

シャロンの後継者たちはカディマ[1]を中心に集結し、二〇〇六年から〇九年二月まで政権の座に就いた。政府はエフード・オルメルトによって導かれ、ヒズボラの散発的な挑発に対抗した（それが昂じて二〇〇六年夏、レバノンではイスラエルの軍事的介入が起こったが、その結末の評価に関して現在なお議論が分かれている）。ハマースの恒常的介入、その結果としてアッバース大統領の弱体化も起こった。オルメルト政権は、直前の政権と同様、さまざまな相矛盾するサインを発した。たとえば二〇〇八年一月一日、日刊紙「エルサレム・ポスト」におけるインタビューで、エフード・オルメルトはそれまでイスラエルの指導者たちにとってタブーであったエルサレム分割問題をそれとなく匂わせながら、その数週間後、エルサレム西方部における入植地拡大が許可された、といった具合である。二〇〇九年以後のネタニヤフ政権下では、現実に可能な同盟関係はパレスチナ国家建設に敵意を抱く右翼あるいは極右によって支配されたため、当然ながらヨルダン川西岸への入植の追究をはじめ、パレスチナ政府との交渉の進展を阻害するさまざまな要因が重なった。

（1）カディマ（Kadima、「前進」を意味するヘブライ語）は、イスラエルの政党。

■弱体化するパレスチナ政府

パレスチナ人側がキャンプ・デーヴィッドとタバの成功を逃し[1]、シャロンの頑な態度に接して「第二次インティファーダ」の暴力と弾圧の淵に沈んだのは、ある意味で自業自得であった。なぜならば彼らは一方で近東のテーマ全体からヨーロッパが埒外に置かれるという事態が、イラクの内紛に関するこの地域の不一致によって深刻化し、また同じ動機によってアラブ世界の影が一層薄くなったにもかかわらず、またしても非対称の上に、ひたすらアメリカの善意に頼る以外ない交渉を再開せざるを得なくなった（と、交渉継続を望む人びとは考えた）。アラファトの死（二〇〇四年十一月十一日）、彼の後継者としてファタハの創立者の一人アッバースのPLO議長就任[2]など一連の変化も、新たな原動力をつくるのに貢献しなかった。新指導層はイスラエルによって与えられた合意や連絡もなくし（そのイスラエルはなお植民地政策を継続中だ）、政治的経済的展望を描けない状態にある。というわけで国民は二〇〇五年の地方選、翌二〇〇六年の一月の立法府の選挙にさいして、雪崩を打って「ハマース」に投票した〔本書四二頁参照〕。それに続いたのが大統領アッバースのファタハと首相イスマーイール・ハニーヤのハマースとの確執である。だが二〇〇七年七月十四日、ハニーヤはアッバースによって更迭され、ハマースはたちまち二〇〇五年に撤退が完了していたガザ地区を抑えた。そしてイスラエルの承認をひたすら拒み、ある程度定期的にミサイルを放ち、イスラエル国防軍が仮借なく実行する作戦（「硬鉛作戦」[3]、二〇〇八年十二月と〇九年一月、戦死者はパレスチナ一三三〇人、イスラエル一三人。「防衛の柱作戦」、一二年十一月、戦死者はパレスチナ一七〇人、イスラエル六人。「周辺保護作戦」、一四年七月八日から八月二十六日まで、市民ならびに軍人会わせた死者数はパレスチナ二五〇五人、イスラエル七二人[*16]）による報復を受ける危険を冒した。このように弱体化したパレスチナ政府だが、いくつかの外交的成功を勝ち得ることに成功した。二〇一一年十月三十一日、ユネスコはパレスチナをメンバー国として承認した。二〇一二年十一月二十九日、国連総会はパレスチナを非メンバー・オブザーバー国（ヴァチカン市国と同じ地位）として承認し、さらに二〇一五年四月一日、パレスチナは正式に国際司法裁判所一二三番目のメンバー国となった。しかし意欲的な動きもそこまでだった。二〇一五年九月三十日の国連総会で、パレスチナ自治政府大統領は、「パレスチナはもはやオスロ合意に拘束されない」と公言し、「我々はオスロ合意に拘束され続けることはできないし、イスラエルは占領大国としてその責任のすべてを負わなければならない。なぜならばこのままの「現状維持」はあり得ないからだ」と述べた。

（1）サダトはエジプト大統領の就任（一九七〇年）後、アメリカと急接近し、一九七七年にはイスラエルへ訪問するなど第四次中東戦争以来の緊張関係の解消を目指し、一九七八年の中東和平に向けてキャンプ・デービット協定に署名するなど一定の成果をあげた。しかし、アラブ諸国は協定に猛反対し、パレスチナの自治については協議が決裂した。

（2）翌二〇〇五年一月九日、アッバース議長は自治政府大統領選挙に当選し、名実ともにパレスチナの代表者となった。

（3）イスラエル軍により、自領内でのロケット発射を終わらせることを目的としてガザ地帯で遂行された作戦は、二〇〇八年十二月から二〇〇九年一月までにパレスチナ人死者一三三〇人を出し、さらに二〇一二年十一月まで「防衛の柱」という名で繰り返された。

■パクス・アメリカーナ?

二〇〇三年三月、イラク侵攻の準備が進められているとき[*17]、アメリカ大統領ジョージ・W・ブッシュは、アメリカ、国連、EU、ロシアからなる「中東カルテット[(1)]」が作製した「ロードマップ」(主要国には二〇〇三年四月三十日には明らかにされた)を通じて、和平プロセスの復活を発表した。このロードマップはそれまでの失敗(すなわち不明確な最終目標、長すぎる遅延、あるいは国際的監視機関の欠如などに帰せられるなど数々の失敗)から、力関係の許す限り教訓を引き出そうとしていた。当然それは段階を踏んで、三年かけてパレスチナという主権国家と暫定的パレスチナ国家(決定的国境をもたない)の達成を予定し、二〇〇三年末には早くもカルテットのメンバーに、プロセスの進行状況を監視する配慮を委ねた。それはまた両当事国に、何らかの条件を引き合いに出すことなく、同時並行的にそれぞれの義務を果たすことを命じていた。とはいえイスラエル側はロードマップの実施と並行し、あらかじめアメリカの合意のもとに、もはや交渉相手がアラファトにはならないよう要請し、アラファトも後任にアッバースを指名してこれを了承した。アッバースはイスラエルとのあらゆる交渉の経験があり、イスラエル側も彼と対話をする用意があった。実際アメリカ政府の後ろ盾において、イスラエル-パレスチナ間で三年ぶりに対話が再開され、二〇〇三年六月末からは明るい兆候が認められるようになった。しかし希望は二、三週間しか続かなかった。二〇〇三年八月末、ハマースとジハードのイスラム主義者たちは、停戦終結を宣言し、近東地域をまたしても暴力の淵に投げ込んだ。彼らの殺人的な自爆行為に対して、イスラエルのハマースとジハードの責任者を物理的に抹殺せよ、占領地域を封鎖せよ、さらに政府の一部の要員の口からは、アラファトを追放しろ、果ては消せという脅迫が応酬した。

（1）パレスチナ問題の和平プロセスを仲介するアメリカ合衆国、ロシア、欧州連合、国際連合の四者を指す。マドリード・カルテットともいう。この四者による枠組みは、二〇〇二年に中東での対立が激化したことを受けて、スペインの首相ホセ・マリア・アスナールによってまとめられた。

この新たな和平プロセスの立案者たちは、両陣営に広がる紛争に対する倦怠感に賭けようとしていた。どちらの国民も紛争の日常化を耐えがたく思っているのだ。彼らはこの厭戦気分に動かされ、いまや二〇〇〇年にはあえて同意しなかった譲歩をしようとしていた。厭戦派は、イラクで考えていた異常に厄介な問題に直面したアメリカが、この地域のイメージを修正するために資料を再精査し、同盟国イスラエルに圧力をかけて、ロードマップに従って「生存可能で持続的な」パレスチナ国家案を受け入れさせるほうに賭けた。

しかしこの賭けは失敗した。なぜならば一方で、イスラエルで権力を握っている人びとはパレスチナの場合と同様選挙民や国民のあいだに基盤をもたず、ロードマップが要求するような譲歩を相手と向かい合って話し合うことができなかった。他方、主としてアメリカ側の人びとも強引に成功させられたかといえば、その可能性は（少なくとも今となっては）なかった。だからこそアメリカ大統領G・W・ブッシュ（たしかに彼の力は弱まり、任期の終わりにあった）によって招集されたアナポリスの国際会議（二〇〇七年十一月）によって定められた目的、すなわち二〇〇九年以前にパレスチナ国家を創設するという目的は、実現しなかったのだ。

和平交渉を奉じる人びとのあいだに、バラク・オバマのアメリカ大統領選出（二〇〇八年十一月の選挙）は希望の芽を生み、彼の政府が採用したアプローチによって、それは活気づいた。「彼はイスラエルの入植は和平プロセスのあらゆる前進にとって躓きの石であると正しく判定し、その完全中止を求めた……」。[*18]とはいえ、このアプローチはその希望を具体化するには至らなかった。イスラエル右翼にとっては大きな打撃となった二〇一二年の選挙で、オバマ大統領は再選された。彼はさかんに主導性を発揮し（ケリー国務長官は二〇一三年三月から一四年一月までに、イスラエルと占領地域に十回赴いた）、紛争が、イスラム世界の人びとの、とくにパレスチナの大衆の過激化の淵に埋没するのを避けようとした。しかし主導性は、おそらく十分な強制力を欠いたため、占領地域の植民地化停止（この停止こそ、「分離の壁」というこの地域にとって未曾有の珍妙な囲い込みによって、次第にイスラエルを城塞化させつつある紛争を解決していく上で不可欠の条件なのだが）に対する、ネタニヤフと彼の右翼ならびに極右多数派の執拗な拒否に遭った。

おそらく二〇一五年夏の、イランの核問題に関する協定がイスラエル政府の意志に反してアメリカによって承認されたため、イスラエルはアメリカが全面的に同じ立場に立ってくれるかどうか自問するようになり、保護国〔アメリカ〕の忠誠を確保するためにパレスチナ問題の見方を再考せざるを得なくなった。

■果てしなき紛争

イスラエルと占領地域のあいだにある「境界線（グリーン・ライン）(1)」は、いわゆる国境ではない。[*19]

それは現代世界のあらゆる分裂的要素を密集させた地域で、高度に発展した世界と発展途上国の生活水準や様式の分裂、個人の権利が確立した社会と家父長的、部族的社会のあいだの社会的分裂、精神的なものと世俗的なものを区別する社会とそれをしない社会の文化的分裂、民主主義的社会と権威主義的社会との政治的分裂などを含んでいるところだ。まさにそれゆえに、経済的社会的大国、価値観、世界の未来像、時間の観念などほとんどあらゆるものが引き金となって社会観の争いが起こるこの国境線は、相異なる世界から発せられた要求や提案を接近させるべき、単独あるいは複数の外部からの介入者の手助けを求めているのだ。

（1）一九四九年一月に第一次アラブ－イスラエル戦争終結の休戦条約が結ばれ、それによりイスラエルは分割地域を四割以上増やした。これが一九六七年以前の境界線、グリーン・ラインとして知られるようになった。

このように双方の陣営にいて政治的妥協を基礎に平和を奉じる人びとが、民主的手段によっては互いを抑えられない以上、ティモールやコソボにおいて実施されたような国際的仲裁が必要だという考えが、イスラエルやパレスチナばかりでなく、アメリカやヨーロッパにおいても生まれ育ってきた。それによれば占領地域を国連の信託のもとにおき、一定のプログラムを公示し（パレスチナ人テロリストに対する闘争、占領地域におけるイスラエル人入植地の解体と同地域における大規模施設の建設を含むパレスチナ国家の創設）、さらに正確な日程をつくり、プログラムの実施を保証するため中東カルテットの指導の下で国際部隊を配置するべきものとされた。

この提案は、ほんのささやかな初舞台さえ与えられなかった。それはおそらくアメリカ、つまり「不可欠の国」[20]「あなたにとって良いことを望んでいると思わせられる、強力な友人」[21]たるアメリカが、主役たち、とくに友邦イスラエルに先述の圧力〔本書一三八頁参照〕をかける術を知らなかったし、また、できなかったからだ。

だが多数のイスラエル人とパレスチナ人が賛成しそうな、そのような提案がなされなければ、残念ながら最も先行きの暗い様相さえ、正しかったということになってしまいかねない。穏やかな空間を期待するために必要なのは、ガザ地区の全面的な隔離やヨルダン川西岸のエルサレムにおける植民地化の追究ではないし、といって政権の統率力麻痺や、ハマースによる合法的イスラエル国家の承認拒否、ガザ地区やレバノンからのロケット弾の発射でもなければ、自爆テロへの回帰でもないのである。

イラクへのアメリカへの介入

ブッシュが政権の座に就いたのち、アメリカ政府は、イラク国家の指導者サダム・フセインを支えることは、中近東にパクス・アメリカーナを確立する上で決定的な障害である、という結論に達した。フセイン体制を崩壊へと導くには、イラクを政治的経済的に隔離させる政策だけでは十分ではない。そこでアメリカは国際共同社会の賛成を得るため、国連において二、三か月の不毛な打ち合わせを行なった後、二〇〇三年三月十九日から始まる軍事的介入に踏み切った。四月九日首都バグダッドは陥落し、同時にフセイン体制派も崩壊した。続いて米英の連合軍はイラク全体を占領した。

アメリカは苦境に陥ったイラクで五千人の兵士を失い、七兆四千億ドルを出費し、イラクを悲嘆の淵に沈め（二〇〇三年から一二年にかけて民間人十万人が死んだ[1]）、国内に深刻な分裂をもたらした。その結果、先述のようにイラクはもはや名ばかりの国となり、アラブ人とクルド人（北部のクルディスタンはバグダッドの支配を免れて独立を宣言をするため、国民投票を狙っている）、シーア派とスンニ派（中央と南部の、シーア派が多数を占める地方）だけが、「中央」政府の支配下にある。そのシーア派も共同体間の暴力に日常的にさらされている（自爆テロ、車に仕掛けた爆破装置など。二〇一四年だけで三三七〇件のテロ、九九二九人の死者、一万五千人以上の負傷者）。

（1）イラク戦争における民間人死者数は、アメリカ、ジョンホプキンズ大学ブルームバーグ公共衛生大学院の研究では、二〇〇三年のイラク戦争の結果として約六五万五千人のイラク人が死亡したと推定、WHOはイラクで二〇〇三年三月から二〇〇六年六月までに一五万一千人が暴力によって死亡したと推定している。

それればかりではない。超大国アメリカの地位も、同盟の立場にあったスンニ派の目からみて著しく弱体化した。アメリカと同盟関係にある中近東のスンニ派は、アメリカからの援助が抑制されて「シーア派の三日月地帯」の国（イラン、シリア、レバノンのヒズボラ）に対抗できなくなるのを心配している。さらに二〇一四年八月、アメリカはダーイシュによる領土獲得とバグダッドのシーア派の無力に直面して、西側世界とアラブとの新たな同盟の先頭に立ち、広範囲の空爆によって当時バグダッドのそばに接近していたダーイシュをシリアで壊滅させようと試みなければならなかった。しかし二〇一五年末、この目的は達したとは到底いいがたい。

アラブの春

チュニジアにおける権力への異議申し立ては二〇一〇年末に始まり、近東、エジプト、ヨルダン、シリアを巻き込みつつ急速にアラブ世界に広まった。

ヨルダンの反体制運動は穏やかで、いち早く終息し、アブドゥッラー王政府の正当性が問い直されることはなかった。

他方、エジプトでは民衆のデモが二〇一一年一月二十五日から二月十一日まで続き、一九八一年以来政権の座にいたムバラク大統領は辞任し、さらに二〇一二年六月にムスリム同胞団の候補者ムハンマド・モルシを首班に選んだ自由選挙の実施によって決着がついた。しかし一年後の二〇一三年六月三十日、経済の停滞とイスラムの厳密主義を背景に、数百万のエジプト人がモルシの辞任を求めてデモを行ない、二〇一三年七月三日、軍隊が彼を政権の座から追放した。このクーデタを組織したアブデル・ファタ・アル＝シーシは元帥に昇進し（二〇一四年一月）、さらに二〇一四年五月二十八日の選挙で国民の九六パーセントの支持を得て大統領に選出された。この軍政の復帰によって、エジプトは経済的にも社会的にも安定を取り戻したが（ただし二〇一五年夏、エジプト軍がダーイッシュと結ばれたイスラム主義者の反乱を抑えきれなかったことは除く）、そのためにはすべての反対運動に厳しい弾圧を加えなければならなかった。

他方シリアでは「アラブの春」はきわめて劇的な色彩を帯びることとなった。

シリアの悲劇

二〇一一年以後のシリアに特徴的な暴力的状態は、残念ながら新しい事態ではない[1]。この国の歴史には、一九二〇年にフランスの委任統治下に置かれたときからつきまとっているのである。二月の最初のデモが起こるやいなや、政府は厳罰（逮捕、インターネットの中断）をもってそれに臨んだ。三月半ばになってデモが少し膨らむと、政府は荒々しく弾圧した。そこで内戦が始まり、二〇一五年末まで続いた。この内戦は、バシャール・アル゠アサドのアラウィー派重視に対する大衆の拒絶から生まれ、国内の民俗や宗教の不均質性（この不均質性に統治大国は賭けた）によって育まれ、いくつかの外国の介入によって煽られたシリアが近東の中心で戦略的立場を得るのに役立った。

（1）シリア人権監視団（SOHR）の報告によれば、二〇一一年三月の民衆蜂起から二〇一五年の十月までの約四年半で、死者の数は二五万人を超えた。SS, p.9.

介入その一。近東地域でリーダーシップを取りたい国々からの介入。これらの国々は、一方で便宜上「シーア派」として指定されているアラウィー派の権限内にあるイランを援助することによって介入しており、それは隣国でシーア派が多数を占めるイラクと、イスラム組織レバノン・ヒズボラ（ヒズボラの一部の分子はアサドの側に立って戦っている）とのあいだに張られた「シーア派の三日月地帯」の連続性を維持するためである。他方サウジアラビア、湾岸諸国、トルコからの敵対するスンニ派勢力への支援による介入もある。またダーイシュが犯した残虐行為が明るみに出るまでは地域の敵イランの影響に反対するため、過激イスラム主義の名を騙る介入もあった。これはダーイシュとの秘密協定を結ぶのは覚悟の上で、トルコのクルド地域が新たに分離主義の熱に浮かされるのを避けるためであった。

介入その二。超地域的ないくつかの大国が、シリアに伝統的な抗争の場を再発見している。たとえばアメリカとその主要同盟国イギリスとフランスはイラクの場合と同じように、これらの国々を襲うテロの主たる温床となったダーイシュを壊滅させようとしているが、だからといってアサドやその無二の同盟であるロシアと（目下のところ）協定を結ぶつもりはない（これについては後述）。

シリア内戦の劇的な結末の一つ（それは強い不安定要素という点で地政学的範囲に属する問題だが）は、隣国への大規模な民族移動である。二〇一五年秋時点の移動人口は五〇〇万人、そのうち二〇〇万人はトルコへ、一五〇万人はレバノンへ（レバノンの人口の三分の一に相当）、六〇万人以上はヨルダンへ移った。より厄介なのはヨーロッパへ移った人びとだが、いずれにせよ難民はＵＮＨＣＲ（国際連合難民高等弁務官事務所）によれば、第二次世界大戦以降、最大の危機となっている。

ロシアの復活

ソ連崩壊後のロシアは、近東では凡庸な役割しか果たしていなかった。もちろんロシアは中東カルテットの一員だが、ロシアが反対しきれなかったサダム・フセインの排除の後、この地域で頼りにできるのは唯一の同盟国であるシリアだけなのだ。シリアはロシアにとって唯一の貴重な同盟国である。なぜならばシリアはロシアに、自由海域の海軍基地タルトゥースの使用権を保証したからだ。

プーチンによる政権の掌握は、徐々に力関係を変えていった。二〇〇〇年から〇八年まで大統領、二〇〇八年から一二年まで首相、そして二〇一二年に再び大統領と、めまぐるしく変身しながら、プーチンは年を追うごとにますます強国ロシアへの復帰に執着している。

かくして彼はシリア革命を、近東の舞台の前面に力強く復帰するための機会と捉え、国連安全保障委員会におけるロシアの投票権を駆使してシリア体制の一切の非難に反対し、その一方でシリアに武器や軍事顧問を提供している。そして彼はシリアとソ連との協力関係が続いた二、三十年間の記録に自分の活動を刻み、ロシア時代になっても同じことを続けた。彼はアラブの世論のロシア体制に対する（大変根強い）敵意をあえて引き受けたが、それは西側諸国にシリア危機に関するロシアの立場を理解させ、それによって当然シリアにおけるロシアの戦略的利益の持続を確保すること（場合によってはアサドを更迭せざるを得ないこともあるだろう）を彼が望んでいるからだ。しかし何よりも、彼の目的はさまざまな本質的標的（たとえば北極海の資源）の問題で、いずれロシアの声に耳を傾けなければならなくなる、ということを伝えることにあるのだ。

逃げ腰のヨーロッパ

ヨーロッパは、近東にもっと積極的にかかわりたかったのかもしれない。とくにイスラエル－パレスチナ紛争においては、今日のように限定的な役割ではなく、もっと有効な役割（たとえばパレスチナ政府の財政的役割）を果たしたかったであろう。しかるにEUがとくに軍事的手段のある外交政策をもとうとして困難を経験したため、ヨーロッパの影は薄くなってしまった。その結果、参加二七か国の地政学的アプローチは多くの場合バラバラになり、ときには完全に対立しあうようにさえなってしまった。そうした事態が如実にみられたのは、イラクの「十字軍戦争」で、アメリカに従うか否かを答えをださねばならなかったときだった。アラブ革命に関して、いかなる態度をとるべきかと問われたときも、同様であった。さらにごく最近のことをいうならば、シリアやイラクの戦争から逃れた難民の受け入れを管理せざるを得なくなったのも、同様の事態といえよう。

民族と文化の寄せ集めのような近東を信託統治下においた諸大国は、一九一八年以後、取引きの成果である領土分割を押しつけ、若干の従属国の希望以外、地元のアラブ諸国の願望をいささかも考慮しようとしなかった。こうした最初のトラウマに、いくつかの別のトラウマが重なった。すなわち近東地域あるいは世界の諸強国が、直接的あるいは間接的介入を継続した結果としてのトラウマやグローバリゼーションと、それに続く、とくに宗教における脱文化化[*1]（déculturation）から生まれたトラウマなどである。近東解体の脅威は、近年はっきりと現われてきた。たしかに二〇一三年七月のクーデタ以後、軍部による厳しい統制によってエジプトは一定の安定性を回復した。しかしイラクは、アメリカが二〇一一年十二月に撤退して以後、名ばかりの国家となった。シリアは、二〇一一年三月以後、内戦によって蹂躙された。パレスチナ国家が承認される見通しは、二〇〇九年以降遠のき、新たなインティファーダが発生する可能性が迫ってきた。他方イスラエル政府は、ますます過激な拡大主義者によって支配されつつある。イラクでは二〇〇六年来、シリアでは二〇一三年来、ダーイシュが勢力圏でテロを拡大させ、世界の各地でそれを広げようと躍起になっている。要するに近東は、つねに外部からの介入で狙われるべき獲物であり、これらの介入は近東地域を構成している国々の解体を加速するばかりなのだ。現在の混沌を生み、混沌を放置した国々、すなわち地域のあるいは世界の諸大国は、果たして、まとまることがあるのだろうか？　それができなければ、この混沌状態に終止符を打てないというのに？

二〇一五年、我々はまだそれを希望することしかできていない。

訳者あとがき

本書はAlexandre Defay, *Géopolitique du Proche-Orient*,（Coll. « Que sais-je ? », n° 3678, PUF, 2003, 7e édition, 2016）の全訳である。

二〇〇一年の9・11事件とそれにつづく二〇〇三年からのイラク戦争の勃発は、日本人である我々にとっても、にわかに切迫した脅威や不安となった。

アメリカは国連の査察委員長ブリクス氏の報告を待たずに「イラクは大量破壊兵器を開発・保持している」としてイラク攻撃を開始した、なぜか？　アメリカはこの戦争によってほとんど何の成果を得ることもなく、大量破壊兵器も存在しなかった、なのに戦争を持続させ、イラクの大統領フセインを追いつめ殺害した、なぜか？　しかもこの戦争は数多くの死者や難民を出し、収束どころか中東世界全体を巻き込んだうえに、戦火をコーランに基づくＩＳのテロやシリアにおける内戦へと拡大させた挙げ句、全中東地域を緊張状態に陥れた、なぜか？

イラク戦争の開戦以来、私はこうしたさまざまな疑問を考え続けてきた。と同時にフランス語の翻訳家として、何とかこれらの問題の解明に役立ちそうな本を日本に紹介してみたいと思ってきた。そういう希望を抱きつつ、フランスから取り寄せて訳した一冊が本書である。

訳出上の困難を語るのは本意ではないが、一言だけ断っておきたいことがある。

著者ドゥフェ氏については原書巻末に挙げられた経歴以上のことを私は知らないが、その文章には外交官特有の両義性《アンビギュイテ》、すなわちどちらともとれる部分が多く閉口した。フランス人でペルシア文学者のクレール氏にメールで何度か問い合わせたが、彼女の答えが珍しく歯切れが悪い。そこで彼女に、思い切ってこの本についてどう考えるかと尋ねてみた。すると、「一つのパラグラフにいくつも関係詞を重ねて、最初と最後でつじつまが合わせられず、自分でも何を言ってるのか分からなくなっている。そもそも彼は近東の定義にイラン（ペルシア）を含めていないのがおかしい。最近は〝近東〟という言葉は時代遅れ、〝中東〟のほうが一般的です。なのに彼は中東問題をイスラエル－パレスチナ紛争に収束させようと考えるからおかしい。私が論文として審査したら不合格です。あなたはこんな本を訳すべきではありません」という厳しいメッセージが返ってきた。

これには参った。だがこのときすでに私は本書の半分以上を訳して、同じ文庫クセジュのシリーズにある著者の別の作品『地政学』をも（勉強のため）半分近く訳してしまっている。あれこれ考えてあわせ、「仰る通りかも知れません。ですが、この問題についてビギナーである我々にとって、本書は有益なのです」と、少々意地になって答えた。永年の付き合いだが、彼女と丁々発止の議論ができるほどの仏語力は持ち合わせていない。「そこまで言うなら、おやりなさい。私も覚悟を決めて応援するわ」というのが、彼女の答えであった。有りがたいことである。よく考えれば本書は七度も改訂を重ねられたが、それはオバマ大統領によるイラク戦争終結宣言（二〇一一年）以後も紛争の火種は広がり、それにつれて本書も刻々と変化する情勢を追って、記述の書き換えが迫られた結果ではないだろうか。としても参考のため初版を通読した私には、近東と中東に議論の重点の置き方や取りあげられた事項の一部に多少加筆、削除があったとしても、第七版の本書（本稿冒頭の版を参照）に氏自身の姿勢を大きく翻すような部分があるとは思えないのである。

彼女の応援はつづいたが、私には作業を続けるもう一つ、助けになった言葉があった。それはこの本を読んだフランス人読者の感想である。それらのうちの二つは、概ね現在の私の感想と一致するので、ここに紹介して結びの言葉としたい。

「現代人たる我々が絶対に読まなければならばない一書。著者は緊張、紛争、同盟の問題を歴史的、経済的、地理的事実が錯綜する網目の中心に据える。彼はヨーロッパ諸国の植民地化と分割が現代の諸問題にもたらした途方もない重圧を解明しようとしている。メディアが暴力的な混沌として描いてきた世界を理解する上で、冷静かつ必要な理解力と時間的距離をもたらすことを目的とした本書の一読を私は万人にすすめる」

「近東に関する本書は、イスラエル－パレスチ紛争を主たる問題として扱っているが、とくにパレスチナ問題に親しみ、この国が何を主要な標的としているかを理解する上で有益な一書であろう。歴史的、地理的、社会的、宗教的、政治的といったさまざまな観点からみて複雑きわまりないこの地域の戦争を、著者は地政学の手法をもって解明しようとした」

最後になるが訳出上疑問箇所について先述のクレール・カプレール女史、また北海道から激励のメールを送ってくれたうえ、校正のゲラに目を通してくれた旧友佐藤悠宣氏に、そして夕食後寝そべってミステリー・チャンネルや囲碁番組でテレビを独占させてくれた家人に感謝を捧げます。

幸田礼雅

二〇一七年二月二十三日

略記号一覧

AM　アミン・マアルーフ『アラブが見た十字軍』牟田口義郎／新川雅子訳，筑摩書房，2001

AL　アミア・リブリッヒ『キブツ　その素顔』樋口範子訳，ミストル，1993

DJ　*Dictionnaire encyclopédique du judaïsme*, Cerf/Robert Laffont, 1996

EP　エドワード・W・サイード『パレスチナとは何か』島弘之訳，岩波書店，1995

FJ　Philippe Faverjon, *1914-1918, Journal des français*, Acropole, 2013

HM　Hachette Multimédia / Hachette Livre, 2000

II　『岩波イスラム辞典』岩波書店，2002

JDD　Janine et Dominique Sourdel, *Dictionnaire historique de l'Islam*, PUF, 2004

JJ　ジャック・アタリ『ユダヤ人，世界と貨幣』的場昭弘訳，作品社，2015

KS　小山茂樹『シリアとレバノン――中東を揺さぶる二つの国』東洋経済新報社，1996

LP　Pierre-Jean Luizard, *Le piège Daech, L'État islamique ou le retour de L'Histoire*, 2013.

LT　イヴ・ラコスト『ラルース地図で見る国際関係　現代の地政学』猪口孝日本語版監修，大塚宏子訳，原書房，2011（YG の日本語版）

MD　マイケル・B・オレン『第三次中東戦争全史』滝川義人訳，原書房，2012

SD　Antoine Sfeir et autres, *Dictionnaire du Moyen Orient*, 2011

SII　Antoine Sfeir, *L'Islam contre L'Islan, L'interminable guerre des sunnites et des chiites*, 2013

SS　桜木武史『シリア戦場からの声』アルファベータブックス，2016

TH　テオドール・ヘルツル『ユダヤ人国家』佐藤康彦訳，1991

TI　鳥井順『イラン・イラク戦争』パレスチナ選書，第三書館，1990

TM　高橋正男『物語イスラエルの歴史――アブラハムから中東戦争まで』中央公論新社，2009

YG　Yves Lacoste, *Géopolitique : La longue histoire d'aujourd'hui*, Larousse, 2006

参考文献

本書のテーマに関してより詳細な文献を求める場合は，下記の一覧を参照されたい．

Abitbol M., *Le Passé d'une discorde, Juifs et Arabes du VIIe siècle à nos jours*, Paris, Perrin, 1999.

Attias J.-C. et Benbassa E., *Israël imaginaire*, Paris, Flammarion, 1998.

Barnavi E., *Israël. Un portrait historique*, Paris, Flammarion, 2015 ; *Les Religions meurtrières*, Paris, Flammarion, 2006 ; *Aujourd'hui ou peut-être jamais, pour une paix américaine au Proche-Orient*, Bruxelles, André Versaille Éditeur, 2009.

Barnavi E. et Friedländer S., *Les Juifs et le XXe siècle, dictionnaire critique*, Paris, Calmann-Lévy, 2000.

Bucaille L., *Gaza : la violence de la paix*, Paris, Presses de Sciences Po, 1998.

Charbit D., *Sionismes*, Albin Michel, 1998.

Corm G., *Le Proche-Orient éclaté, 1956-2012*, Paris, Gallimard, 2012.

Debié F. et Fouet S., *La Paix en miettes, Israël et Palestine (1993-2000)*, Paris, Puf, 2001.

Debié F. et Pieter D., *La Paix et la crise : le Liban reconstruit?*, Paris, Puf, 2003.

Dieckhoff A., *L'Invention d'une nation*, Paris, Gallimard, 1993.

Encel F., *Atlas géopolitique d'Israël*, Paris, Autrement, 2015.

Enderlin C., *Paix ou guerres. Les secrets des négociations israélo-arabes, 1917-1997*, Paris, Stock, 1997 ; *Le Rêve brisé, histoire de l'échec du processus de paix au Proche-Orient, 1995-2002*, Paris, Fayard, 2002.

Filiu J.-P., *Histoire de Gaza*, Paris, Fayard, 2015 ; *Le Nouveau Moyen-Orient. Les peuples à l'heure de la Révolution syrienne*, Paris, Fayard, 2013.

Foucher M., *Fronts et Frontières*, Paris, Fayard, 1991.

Greilsammer I., *La Nouvelle Histoire d'Israël*, Paris, Gallimard, 1998 ;

Le sionisme, Paris, Puf, « Que sais-je ? », n° 1801, 2013.

Gresh A., *Israël, Palestine. Vérités sur un conflit*, Paris, Hachette, 2007.

Gresh A. et Vidal D., *Les 100 Clés du Proche-Orient*, Paris, Hachette, 2011.

Klein C., *La Démocratie d'Israël*, Paris, Seuil, 1997 ; *Israël, État en quête d'identité*, Paris, Casterman, coll. « xxe siècle », 1999.

Laurens H., *La Question de Palestine*, Paris, Fayard, (5e vol. paru en 2015) ; *L'Orient arabe*, Paris, Armand Colin, 2015 ; *Paix et guerre au Moyen-Orient*, Paris, Armand Colin, 2005 ; *Le Retour des exilés*, Paris, Robert Laffont, 1998.

Mutin G., *Géopolitique du monde arabe*, Paris, Ellipses, 2012 ; *L'Eau dans le monde arabe*, Paris, Ellipses, 2011.

Olivier Roy, *L'Islam mondialisé*, Paris, Points, 2004 ; *L'Échec de l'islam politique*, Paris, Points, 2015.

Said E. W., *Culture et Impérialisme*, Paris, Fayard, coll. « Le Monde diplomatique », 2000.

Sfeir A. et collectif, *Dictionnaire du Moyen-Orient*, Bayard Éditions, 2011.

Shavit A., *Ma terre promise. Israël, triomphe et tragédie*, Paris, Lattès, 2015.

Sorman G., *Les Enfants de Rifaa*, Paris, Fayard, 2003.

原注

第一部　展望過剰の空間

第一章　局地的な立役者たち

＊1　ここではイスラエルにおけるユダヤ人の展望の意である．同じ意味における20パーセントのアラブ人（イスラム教徒，キリスト教徒，ドルーズ派）については後に述べる．

＊2　この点については本書70頁参照.

＊3　ヘブライ語で「分譲地」の意．19世紀末から1948年まで，パレスチナに移住したユダヤ人共同体を意味した.

＊4　本書76頁参照.

＊5　ワイツマンよりバルフォアに宛てた1918年5月30日の書簡．H. Laurens, *Le Retour des exilés*, Paris, Robert Laffont, 1998からの引用.

＊6　D. Ben Gourion, *Mémoires : Israël avant Israël*, Paris, Grasset, 1974.

＊7　« The Peace Index », The Israel democraty Institute, Tel-Aviv, Unversity.

＊8　パレスチナ解放機構第二憲章，第四項（1968年7月).

＊9　Déclaration d'indépendance de l'État de Palestine, Alger, 14 novembre 1988.

＊10　*Ibid*.

＊11　パレスチナ解放機構第二憲章，第五項（1968年7月).

＊12　*Tsahal*, *Tsva Hagana LeIsrael*の頭字語.

＊13　パレスチナ政策調査研究所によって実施された調査.

＊14　Michel Abitbol, *Le Passé d'une discorde. Juifs et Arabes du VIIe siècle à nos jours*, Paris, Perrin, 1999.

第二章　大国ならびに超大国の展望

＊1　Hergé, *Tintin au pays de l'or noir*, Tournai, Casterman, 1950, p. 17.〔なおこの台詞は原文にも邦訳『燃える水の国』（エルジェ作，川口恵子訳，福音館書店，2007）のどこにも見あたらない〕

＊2　*Ibid*, p. 16.

＊3　1918年1月8日, 連邦議会においてウィルソンは秘密外交の廃止, 植民地問題の正しい解決, 国際連盟の創設などを含む14か条の原則を発表した.

第二部　政治過剰の空間

第一章　近東空間の政治構造理論

＊1　Jean Bottero, *Naissance de Dieu*, Paris, Gallimard, « Folio », 1992 ; Jean Soler, *L'Invention du monothéisme*, Paris, Éditions de Fallois, 2002 また, Thomas Römer, *L'Invention de Dieu*, Seuil, 2014 を見よ.

＊2　Israel Frankelstein, Neil Asher Silberman, *La Bible dévoilée*, Paris, Gallimard, « Folio », 2004 ; *Les Rois sacrés de la Bible*, Paris Gallimard, « Folio », 2007.

＊3　Amin Maalouf, *Les Croisades vues par les Arabes*, Paris, Jean-Claude Lattès,1986.

＊4　Amin Maalouf, *op. cit.*

＊5　Henry Laurens, *L'Expedition d'Égypte (1798-1801)*, Paris Seuil, "Points, Hsistoire", 1997 を見よ.

＊6　Chateaubriand, *Itinéraire de Paris à Jérusalem*.

＊7　Jean Bottero, *Mésopotamie*, Paris, Gallimard, « Folio », 1997.

＊8　「ヨーロッパの瀕死の病人」という言葉はロシア貴族でサン・ステファノで露・土条約締結の際, 大使を務めたアレクサンドル・ゴルチャコフの言葉.

＊9　Guy Sormann, *Les Enfants de Rifaa*, Fayard, 2003 を見よ.

＊10　Henry Laurens, *L'Orient arabe. Arabisme et islamismede 1798 à 1945*, Paris, Armand Colin, 2015 からの引用.

＊11　*Ibid*.

＊12　原注, 第二章＊3参照.

第二章　政治的, 経済的, 社会的緊張と民族の憤激

＊1　出典, SIRI〔インターネットのサイトか?〕.

＊2　出典, PNUD〔国際連合開発計画, 英語: United Nations Development Programme〕.

＊3　Marc Lavergne, “Le monde arabe face aux défis de la mondialisation”, *Revue internationale et stratégique*, hiver 2000/2001を見よ.

＊4　出典, FMI（国際通貨基金).

＊5　OCDE（経済協力開発機構).

＊6　Georges Mutin, *L'Eau dans le monde arabe. Menaces enjeux conflits*, Paris Ellipses, 2011を見よ.

＊7　オスマントルコの行政単位である州（ヴィラィエト）にはバスラの他, ベイルート, ダマスカスなどがおかれ（19世紀半ば), 州はいくつかの県すなわちサンジャクスに分割された（19世紀後半).

＊8　これらの秘密会議ならびにそれらに先立つ会議については, Charles Enderlin, *Paix ou guerre, les secrets des négociations israëllo-arabes, 1917-1997*, Paris, Stock, 1997.

＊9　オスロ合意に関する詳しい分析については, Franck Debié et Sylvie Fouet, *La Paix en miettes*, Paris, Puf, 2001.

＊10　Interview au *Ha'aretz*, 14 septembre 2001.

＊11　問題のこの側面に関しては, 前掲書, *La Paix en miettes* 参照.

＊12　Charles Enderlin, *Le Rêve brisé*, Paris, Fayard, 2002.

＊13　20世紀初頭ロシアで初めて発行された, いわゆる「ユダヤ人世界征服計画」を巡る偽造文書. この著作の捏造は早くから非難されていたが, とくにアラブの主要都市では定期的に改訂版が発行された.

＊14　この問題をより広い文脈で敷衍するには, Pierre Hassner et Justin Vaïsse, *Washington et le monde. Dilemmes d'une superpuissance*, Paris, Autrement, 2003.

＊15　2003年4月13日, 日刊紙「ハーレッツ（*Haaretz*)」の求めに応じてなされた対話.

＊16　数字は国連資料.

＊17　後述参照.

＊18　Elie Barnavi, *Aujourd'hui ou peut-être jamais, op. cit.*

＊19　参考例. « Shlomo Ben-Ami, ancien ministre des Affaires étrangères du gouvernement Barak, Israël-Palestine : tout changer pour

que tout change », *Le Monde*, 16 septembre 2003.

＊20　Madeleine Albright, secrétaire d'État（ministre des Affaires étarngères）du président Clinton entre 1997 et 2001.

＊21　Elie Barnavi, *Aujourd'hui ou peut-être jamais*, op.cit.

結論

＊1　本書「参考文献」のOlivier Royを見よ.

訳者略歴
幸田礼雅（こうだ・のりまさ）
1939 年生まれ
1966 年東京大学仏文科卒業
主要訳書
R·エスコリエ『ドーミエとその世界』（美術出版社），A·フェルミジエ『ロートレック』（美術公論社），ヘンリー・H・ハート『ヴェネツィアの冒険家』（新評論），C・カプレール『中世の妖怪，悪魔，奇跡』（新評論），ジャン=ロベール・ピット『ワインの世界史』（原書房），T・ランツ『ナポレオン三世』，G・ミノワ『ガリレオ』，P・ギショネ『イタリアの統一』，J・ユレ『シチリアの歴史』，J.-J. マッフル『ペリクレスの世紀』，J.-J. ベッケール『第一次世界大戦』，J・テュラール『クレタ島』（以上，白水社文庫クセジュ）他多数.

文庫クセジュ　Q 1011

近東の地政学　イスラエル、パレスチナ、近隣のアラブ諸国

2017年 4 月 5 日　印刷
2017年 4 月25日　発行

著　者　アレクサンドル·ドゥフェ
訳　者 ©　幸田礼雅
発行者　及川直志
印刷·製本　株式会社平河工業社
発行所　株式会社白水社
東京都千代田区神田小川町 3 の 24
電話 営業部 03（3291）7811 / 編集部 03（3291）7821
振替 00190-5-33228
郵便番号 101-0052
http://www.hakusuisha.co.jp

乱丁・落丁本は，送料小社負担にてお取り替えいたします.
ISBN978-4-560-51011-7
Printed in Japan

文庫クセジュ

歴史・地理・民族(俗)学

842 コモロ諸島
853 パリの歴史
856 インディヘニスモ
857 アルジェリア近現代史
858 ガンジーの実像
859 アレクサンドロス大王
861 多文化主義とは何か
864 百年戦争
865 ヴァイマル共和国
870 ビザンツ帝国史
872 アウグストゥスの世紀
876 悪魔の文化史
879 ジョージ王朝時代のイギリス
882 聖王ルイの世紀
883 皇帝ユスティニアヌス
885 古代ローマの日常生活
889 バビロン
890 チェチェン
896 カタルーニャの歴史と文化
898 フランス領ポリネシア
902 ローマの起源
903 石油の歴史
904 カザフスタン
906 フランスの温泉リゾート
911 現代中央アジア
913 フランス中世史年表
915 クレオパトラ
918 ジプシー
922 朝鮮史
925 フランス・レジスタンス史
928 ヘレニズム文明
932 エトルリア人
935 カルタゴの歴史
937 ビザンツ文明
938 チベット
939 メロヴィング朝
942 アクシオン・フランセーズ
943 大聖堂
945 ハドリアヌス帝
948 ディオクレティアヌスと四帝統治
951 ナポレオン三世
959 ガリレオ
962 100の地点でわかる地政学
964 100語でわかる中国
966 アルジェリア戦争
967 コンスタンティヌス
974 ローマ帝国
979 イタリアの統一
981 古代末期
982 ショアーの歴史
985 シチリアの歴史
986 ローマ共和政
988 100語でわかる西欧中世
993 ペリクレスの世紀
995 第五共和制
1001 第一次世界大戦
1004 クレタ島
1005 古代ローマの女性たち
1007 文明の交差路としての地中海世界